Bywyd Bob Dydd yng N  yn 1800-1810

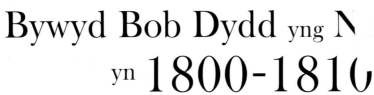

Llyfr Cynhwysfawr yr Athro

Catrin Stevens

Gweithgareddau Llungopiadwy

Cyhoeddwyd gan CAA, Prifysgol Aberystwyth, Plas Gogerddan, Aberystwyth, Ceredigion, SY23 3EB (http://www.caa.aber.ac.uk).

Ariennir gan Lywodraeth Cymru.

ISBN 978-1-84521-545-3

Golygydd: Gwenda Lloyd Wallace
Dylunydd: Richard Huw Pritchard
Argraffwyr: Argraffwyr Cambria

Cydnabyddiaethau

Diolch i'r canlynol am ganiatâd i atgynhyrchu deunyddiau yn y gyfrol hon:

Delweddau
© Hawlfraint y Goron: Comisiwn Brenhinol Henebion Cymru: tt. 11, 64(g)
© Amgueddfa Genedlaethol Cymru: tt. 36, 51, 55(d)
Chris Tancock: t. 37
Dorian Bowen: t. 38
Casgliad Amgueddfa Sir Gaerfyrddin: t. 39
Gwasanaeth Archifau Gorllewin Morgannwg: tt. 43, 54(g) (Casgliad Clive Reed)
Dinas a Sir Abertawe: Casgliad Amgueddfa Abertawe: tt. 54(t), 62(g)
J. Richard Williams: t. 55(ch)
Casgliadau Oriel Ynys Môn, Gwasanaeth Amgueddfeydd Cyngor Sir Ynys Môn: t. 57
© Birmingham Museums Trust: t. 58
Catrin Stevens: t. 59
Emyr Griffiths: t. 61
© Nigel Davies: t. 62(t)
Paul White: t. 64(t)
Ceridwen: t. 65
Lynwen Rees Jones: t. 66
Esyllt Jones: t. 67

Detholiadau
The Coal Mining History Resource Centre, Picks Publishing ac Ian Winstanley: tt. 13-14
Fflic Cyf.: t. 36
© The British Library Board. (General Reference Collection 10369.bbb.17): Joseph Hucks, *A Pedestrian Tour through North Wales, in a Series of Letters* (Llundain: 1795), t. 137: t. 47(rhif 4)
Gwasg Prifysgol Cymru: Geraint H. Jenkins (gol.), *Gwnewch Bopeth yn Gymraeg: Yr Iaith Gymraeg a'i Pheuoedd 1801-1911* (Caerdydd: Gwasg Prifysgol Cymru, 1999), t. 1: t. 47(rhif 5)
Archifau a Chasgliadau Arbennig, Prifysgol Bangor (MSS 1488): tt. 48-49
Oxford University Press: Kenneth O. Morgan (gol.), *The Oxford Illustrated History of Britain* (Rhydychen: Oxford University Press, 1984/1997), t. 425: t. 50(t)
Cynulliad Cenedlaethol Cymru: John Williams, *Digest of Welsh Historical Statistics*, Cyfrol 1 (Caerdydd: Y Swyddfa Gymreig, 1985), t. 63: t. 50(g)
Llyfrgell Genedlaethol Cymru: Thomas Price, 'The Welsh Harp, 1840' yn *Welsh Harps and Harpers, with much original matter gathered at first hand from old Welsh Harpers* (MSS 1464D), t. 3: t. 52

Gwnaethpwyd pob ymdrech i olrhain a chydnabod deiliaid hawlfraint. Bydd y cyhoeddwyr yn falch o wneud trefniadau addas gydag unrhyw ddeiliaid na lwyddwyd i gysylltu â hwy.

Diolch i Indeg Griffiths, Nia Huw a Carol James am eu harweiniad gwerthfawr.

Mae fersiwn Saesneg o'r pecyn hwn ar gael hefyd, sef *Everyday Life in Wales in 1800-1810*.

Cynnwys

Rhesymwaith

Nod yr adnoddau hyn yw darparu deunyddiau a fydd yn cyflwyno hanes trwy brofiadau plant ac a fydd yn cryfhau ymwybyddiaeth gronolegol disgyblion. Gall ysgolion ddewis ym mha drefn y byddant yn dysgu'r meysydd Hanes ar draws Cyfnod Allweddol 2 yn y Cwricwlwm Cenedlaethol. Mae agweddau ar yr adnoddau yn addas ar gyfer Lefelau 2-5. Er enghraifft, gellir defnyddio'r Cardiau Lluniau ar gyfer trafodaeth ar Lefel 2, tra bo rhai o'r gweithgareddau yn y llyfr hwn wedi'u hanelu at lefelau uwch. Gellir darllen y stori yn unigol, mewn parau neu i'r dosbarth cyfan.

Cynlluniwyd y gweithgareddau gyda'r rhaglen astudio Hanes dan sylw. O blith y sgiliau a'r syniadau hanesyddol, mae gofyn i ddisgyblion ymdrin â deongliadau hanesyddol, a dyma rai awgrymiadau ar sut i ddefnyddio'r adnodd hwn i gyflawni hynny:

*   Ar gyfer lefel 2, dylai disgyblion ddeall bod gwahanol ddulliau o gynrychioli a dehongli'r gorffennol. Gallai athrawon ofyn i ddisgyblion ddewis dau ddarlun sy'n eu diddori o'r adnoddau, er enghraifft darlun o wisgoedd y cyfnod o *Ffeithiau Diddorol i'r Disgybl* ac un o ddarluniau'r arlunydd o *Wythnos ym Mywyd Daniel*, ac yna'u trafod.

*   Ar gyfer lefel 3, gallai athrawon arwain disgyblion i drafod y mathau gwahanol o ffynonellau a **phryd** y cawsant eu cynhyrchu. Mae deongliadau hanesyddol, fel y cânt eu diffinio yn y rhaglen astudio, yn ymwneud â chynrychioliadau cyfoes.

*   Ar lefel 4, gallai athrawon ddatblygu hyn ymhellach trwy ofyn i ddisgyblion feddwl am **sut** y cynhyrchwyd y deongliadau hyn. Er enghraifft, sut oedd yr arlunydd yn gwybod beth oedd pobl yn ei wisgo yn 1800-1810? (E.e. trwy ymchwil lluniau a disgrifiadau teithwyr.)

*   Ar lefel 5, dyma ddisgwylir gan y disgyblion: 'Gwyddant fod rhai digwyddiadau, pobl a newidiadau wedi'u dehongli mewn gwahanol ffyrdd ac awgrymant resymau posibl dros hynny.' Er enghraifft, gall athrawon herio disgyblion i feddwl pam nad yw haneswyr ac archaeolegwyr bob amser yn cytuno ar bwysigrwydd diogelu ein treftadaeth ddiwydiannol (Gweithgaredd 21).

Amcanion

■   **Hyrwyddo'r Fframwaith Llythrennedd a Rhifedd (FfLlRh)**

■   Hyrwyddo diddordeb a mwynhad disgyblion yn y digwyddiadau hanesyddol a'r rhai bob dydd a gysylltir â'r pedwar cyfnod hanesyddol a ddewiswyd: yr Oes Haearn, Oes y Tywysogion, dau ddegawd yn y bedwaredd ganrif ar bymtheg a'r 1960au.

■   Datblygu gwybodaeth a dealltwriaeth disgyblion o newid a pharhad dros amser.

■   Hyrwyddo dealltwriaeth disgyblion o ddeongliadau hanesyddol.

■   Cefnogi addysgu ymholi hanesyddol trwy ddarparu cyfleoedd i ddisgyblion ofyn cwestiynau hanesyddol a chwestiynu ffynonellau.

■   Datblygu sgiliau meddwl disgyblion trwy weithgareddau hanesyddol.

■   Hyrwyddo geirfa hanesyddol disgyblion.

■   Cyflwyno ystod o adnoddau hanesyddol, yn cynnwys y defnydd o amgueddfeydd a'r gymuned leol.

Mae'r rhaglen astudio Hanes yng Nghyfnod Allweddol 2 yng Nghymru (Cwricwlwm 2008) yn gofyn bod disgyblion yn cael cyfle i astudio newidiadau ym mywydau pobl yn eu hardal leol yn y bedwaredd ganrif ar bymtheg. Fodd bynnag, byddai'n amhosibl darparu gwybodaeth ac adnoddau am bob ardal ym mhob degawd yn y bedwaredd ganrif ar bymtheg. Mae'r pecyn hwn yn darparu canllaw ar ddefnyddio deunyddiau i addysgu'r cyfnod rhwng 1800 ac 1810 mewn dwy ardal yng Nghymru: Abertawe ac Amlwch (Sir Fôn). Gellir addasu'r gweithgareddau a'r adnoddau ar gyfer ardaloedd eraill. Mae pecyn arall, *Bywyd Bob Dydd yng Nghymru yn yr 1890au*, sy'n sôn am ardal lofaol Cilfynydd, Pontypridd a Phowys wledig, yn darparu deunyddiau ar gyfer cyfnod cyferbyniol yn y bedwaredd ganrif ar bymtheg, i ategu'r pecyn adnoddau hwn. Gellir defnyddio'r pecynnau hyn gyda'i gilydd, yn unigol gyda deunyddiau cyferbyniol o'ch ardal eich hun, neu fel canllawiau ar sut i fynd ati i wneud astudiaeth gymharol o fywyd yn y bedwaredd ganrif ar bymtheg yn eich ardal eich hun, gan ddefnyddio adnoddau tebyg, e.e. ffurflenni cyfrifiad, darluniau/ffotograffau ac ati, sydd ar gael yn lleol. Mae'r adnoddau hyn ar gael yn eich archifdai a'ch llyfrgelloedd lleol ac maent yn awyddus iawn i gydweithio a hyrwyddo astudiaethau lleol o'r fath. Er enghraifft, yng Ngweithgaredd 13 yn y llyfr athro hwn, gallai'r disgyblion ymchwilio i'r ffigurau poblogaeth yn eu hardal yn ystod 1800-1810.

Ar y llaw arall, gan ddibynnu ar y dewisiadau a wnaed ar gyfer CA2, gall athrawon gyfnewid yr adnoddau ar gyfer y pedwar (neu bum) cyfnod. Er enghraifft, mae'r rhaglen astudio yn gofyn am astudio **un** agwedd ar fywyd bob dydd ym mhob cyd-destun, ac yn nodi mai naill ai tai a chartrefi, bwyd a ffermio neu gludiant ddylai hon fod. Mae'r ddwy thema gyntaf wedi'u harchwilio yn y tri chyfnod perthnasol arall: yr Oes Haearn, Oes y Tywysogion a'r 1960au. Mae'r tabl hwn yn dangos sut y gellir ymchwilio i a chymharu tai a chartrefi, bwyd a ffermio a chludiant yn 1800-1810 a'r 1890au. Unwaith eto, gellwch ddefnyddio hyn fel canllaw neu fframwaith ar gyfer datblygu astudiaethau hanes lleol yn eich ardal eich hun. **Bydd y gweithgareddau hyn yn hybu llythrennedd a rhifedd yn ogystal.**

Thema	Agweddau	Pwyntiau trafod y cyfnod	
		1800-1810	**1890au**
Tai/Cartrefi	• Cynllun a phensaernïaeth • Technoleg – technegau a defnyddiau adeiladu • Lleoliad a maint • Cartrefi'r cyfoethog/tlawd • Cyfleusterau, e.e. goleuo, gwresogi, coginio, cysgu • Cysur cymharol • Trigolion, h.y. nifer yn y tŷ, gweision/morynion, anifeiliaid yn y tŷ • Defnydd o ystafelloedd • Enwau a rhifau tai/strydoedd • Prisiau, costau • Cynaliadwyedd	• Tai teras diwydiannol • Pensaernïaeth Sioraidd • Bythynnod gweithwyr – tai unnos • Plasau'r dosbarth uwch • Cartrefi'r dosbarth canol • Defnydd o ddefnyddiau lleol ac wedi'u mewnforio • Diffyg cyfleusterau • Tenantiaethau	• Tai teras diwydiannol • Bythynnod a ffermydd gwledig • Cyfleusterau • Tenantiaethau • Defnydd o ddefnyddiau lleol ac wedi'u mewnforio • Plasau'r dosbarth uwch • Cartrefi'r dosbarth canol • Gwelliannau
Cwestiynau posibl	• Sut oedd bywyd yn y cartref yn wahanol i'r cyfoethog a'r tlawd ym mhob cyfnod ac ar draws y cyfnodau? Ystyriwch y dosbarth canol a'r dosbarth gwaith hefyd. • Ym mha ffyrdd y newidiodd bywyd yn y cartref rhwng c1800 ac 1890 ac ym mha ffyrdd yr arhosodd yr un fath? • Ym mha ffyrdd yr oedd pobl yr 1890au yn well eu byd na phobl 1800-1810? • Pa dystiolaeth sydd wedi goroesi am gartrefi yn y gorffennol? Pa dystiolaeth newydd sydd ar gael ar gyfer yr 1890au nad oedd ar gael yn 1800-1810? • Sut mae cartrefi yn y bedwaredd ganrif ar bymtheg wedi'u cynrychioli a'u dehongli, a pham? • Pa effaith gafodd yr adeiladau hyn ar yr amgylchedd? • A ddylai cartrefi hanesyddol gael eu cadw? Pam? • Pa enghreifftiau lleol sydd ar gael o gartrefi o c1800-1810 a'r 1890au?		
		1800-1810	**1890au**
Bwyd a ffermio	• Prif fwydydd • Deietau'r cyfoethog/tlawd • Pwysigrwydd cynaeafau	• Bwydydd traddodiadol • Marchnadoedd/siopau • Ceginau	• Bwydydd wedi'u mewnforio • Bwydydd tun • Deietau

		1800-1810	1890au
	• Dulliau ffermio • Paratoi bwyd • Cludo bwyd • Mewnforion/allforion • Cadw bwyd	• Offer • Porthladdoedd • Crefftau cartref • Rôl menywod • Deietau • Dulliau ac offer amaethu	• Menywod fel gwragedd tŷ • Offer ac adnoddau • Gwelliannau • Dulliau ac offer amaethu • Bwydydd ffatri • Siopau bwyd
	• Pa fwydydd sydd ar gael yn awr nad oedden nhw ar gael yn y bedwaredd ganrif ar bymtheg? • Pa newidiadau fu yna yn neietau'r dosbarth gwaith rhwng 1800-1810 ac 1890? • Pa dystiolaeth sydd wedi goroesi am fwyd yn y gorffennol? Pa dystiolaeth newydd sydd ar gael ar gyfer yr 1890au nad oedd ar gael yn 1800-1810? • Sut oedd dulliau ac offer amaethu wedi newid rhwng 1800-1810 a'r 1890au? • Pa fwydydd oedd yn cael eu mewnforio erbyn yr 1890au, a pham? • Sut oedden nhw'n coginio bwyd yn 1800-1810 ac yn yr 1890au? • Beth oedd y cyswllt rhwng yr ardaloedd amaethyddol a'r ardaloedd diwydiannol? • Sut oedden nhw'n cadw bwyd ar gyfer misoedd y gaeaf? • Pa newidiadau ddigwyddodd yn rolau menywod fel gwragedd tŷ/gweithwyr cyflogedig yn ystod y bedwaredd ganrif ar bymtheg? • Beth oedd prif nodweddion bwyd a ffermio yn eich ardal leol yn ystod y bedwaredd ganrif ar bymtheg?		
Cludiant	■ **Dros y tir** • Cludo nwyddau • Cludo pobl • Cyfoethog/tlawd • Peryglon: cyflwr y ffyrdd amodau teithio	• Ceffyl a chert/cerbydau • Marchogaeth/cerdded • Lladron pen-ffordd • Ffyrdd gwael/tollffyrdd • Tramffordd Ystumllwynarth • Teithwyr/twristiaid • Telford/McAdam	• Rheilffyrdd: cwmnïau/gorsafoedd/gweithwyr/statws/nwyddau/teithwyr/twristiaeth • Moduron • Beiciau • Ceffyl a chert/cerdded
	■ **Ar y môr** • Porthladdoedd • Llongau • Manteision/anfanteision • Peryglon	• Gwelliannau i borthladdoedd • Llongau hwyliau • Amodau ar y môr – bwyd, gwaith, miwtini • Llongddrylliadau • Gwrecwyr • Smyglwyr • Y fasnach gaethweision • Iechyd a diogelwch/llongddrylliadau/goleudai/badau achub	• Datblygu porthladdoedd, e.e. Caerdydd/y Barri • Llongau ager a haearn • Ymfudo – Unol Daleithiau America/Awstralia/Patagonia • Amodau ar fwrdd llong • Capteiniaid a'u gwragedd • Iechyd a diogelwch/llongddrylliadau/goleudai/badau achub • Adeiladu llongau

Thema	Agweddau	Pwyntiau trafod y cyfnod	
		1800-1810	1890au
	■ **Ar afon/camlas** • Ysgraffau • Ceiau • Fferïau • Cynaliadwyedd	• Datblygu camlesi • Adeiladu pontydd	• Dirywiad graddol y camlesi • Ar gyfer hamddena • Gwarchod y dreftadaeth
Cwestiynau posibl	• Ym mha ffyrdd roedd systemau cludiant wedi newid rhwng 1800-1810 a'r 1890au, ac ym mha ffyrdd roedden nhw wedi aros yr un fath? • Ym mha ffyrdd roedd pobl yr 1890au yn gallu teithio a chludo nwyddau yn haws na phobl yn 1800-1810? • Pa dystiolaeth sydd ar gael am systemau cludiant yn y gorffennol? Pa dystiolaeth newydd sydd ar gael am yr 1890au nad oedd ar gael yn 1800-1810? • Sut mae gweddillion systemau cludiant y bedwaredd ganrif ar bymtheg wedi'u cadw ar gyfer y dyfodol a pham? • Pa effaith gafodd camlesi/rheilffyrdd ac ati ar yr amgylchedd? • Pa enghreifftiau lleol sydd ar gael o systemau cludiant yn 1800-1810 ac yn yr 1890au? • Sut oedd mesurau iechyd a diogelwch newydd wedi gwella dulliau o gludo ar dir a môr? • Beth oedd prif nodweddion system gludiant eich ardal leol yn y bedwaredd ganrif ar bymtheg?		

Tabl 1: Pwyntiau trafod posibl am dai a chartrefi, bwyd a ffermio a chludiant

Canllawiau ar gyfer defnyddio pob adnodd

Yn hwn, *Llyfr Cynhwysfawr yr Athro*, ceir cyfres o weithgareddau (G), ac mae'r llyfr hefyd yn rhan o becyn adnoddau sy'n cynnwys:

1. *Wythnos ym Mywyd Daniel* (S), stori ddychmygol am wythnos ym mywyd bachgen ifanc yn 1800-1810 sy'n teithio o Amlwch, Sir Fôn i chwilio am waith yng ngweithfeydd copr ffyniannus newydd Abertawe.

2. *Ffeithiau Diddorol i'r Disgybl* (FfD), llyfr ffeithiol sy'n egluro'r dystiolaeth allweddol ar gyfer bywyd yn Amlwch ac Abertawe yn ystod y cyfnod hwn, ac sy'n sail i'r stori.

3. Set o chwe Cherdyn Lluniau (CLl) sy'n darlunio themâu hanes cymdeithasol (cartrefi, cludiant, bwyd, hamdden a dathliadau, gwaith a dillad) yn ystod y degawd 1800-1810, ac sy'n cynnwys set o weithgareddau strwythuredig yn seiliedig ar y delweddau. Gellir defnyddio'r rhain ochr yn ochr â'r Cardiau Lluniau yn y pecyn *Bywyd Bob Dydd yng Nghymru yn yr 1890au*.

1. *Wythnos ym Mywyd Daniel*

Seiliwyd y stori ar fywyd Daniel, bachgen un ar ddeg mlwydd oed, sy'n gadael ei fam a'i gartref yn Amlwch, Sir Fôn ddechrau mis Awst 1808 i deithio ar long hwyliau i chwilio am waith yng ngweithfeydd copr ffyniannus Abertawe. Dychmygol yw mwyafrif y cymeriadau yn y stori, ond gellir darganfod rhai ohonynt yn nogfennau'r cyfnod. Er enghraifft, rhestrir mam Daniel, Grace Lewis (er na chaiff ei henwi yn y stori), yng Nghyfrifiad 1801 ar gyfer Amlwch (FfD t. 6), ac mae Capten Roberts a'i long y *Parys* (cofier enw'r gwaith copr yn Amlwch) yn cael eu henwi mewn dogfen ddyddiedig 1792 (FfD t.7).

Nodir testunau trafod posibl ar gyfer pob tudalen o'r stori yn *Nhabl 2*. Cynhwysir y cyfeiriadau pellach (📖) ar gyfer yr athrawon hynny sy'n dymuno darllen deunydd cefndirol. Tra bo tebygrwydd y bydd y rhan fwyaf o athrawon yn defnyddio'r Rhyngrwyd i gael hyd i fwy o wybodaeth ar y dechrau, mae yn y llyfrau hyn ddeongliadau arbenigol ar y testunau.

Mae'r stori hon yn hyrwyddo addysgu'r Fframwaith Llythrennedd a Rhifedd yn y cwricwlwm.

Tudalen	Cwestiynau allweddol a phwyntiau trafod	Cefndir a thystiolaeth hanesyddol i'w trafod	Cyswllt ag adnoddau
Clawr Blaen	Gweler isod o dan Cardiau Lluniau		
3	Bywyd ar fwrdd llong hwyliau	Llong lannau oedd y *Parys*, y llong hwyliau yn y stori (ac a welwyd mewn dogfen ddyddiedig 1792). Byddai'n hwylio ar hyd glannau Cymru a Lloegr, o Lerpwl i Fôn a thrwy Fae Ceredigion i Fôr Hafren. Roedd llongau glannau yn cario pob math o nwyddau, yn cynnwys mwyn copr, glo, llechi ac ati. Erbyn *c*1810, roedd mwyn copr o Gernyw wedi dod yn bwysig i weithfeydd copr Abertawe wrth i'r cyflenwad o Fynydd Parys, Sir Fôn leihau. Yn ddiweddarach yn y ganrif, roedd y gweithfeydd yn dibynnu ar fwyn copr o Chile. Gallai bywyd ar fwrdd llong hwyliau fod yn galed iawn. Disgwylid i'r criw weithio 84 awr yr wythnos a gwasanaethu ar wyliadwriaethau 4 awr ar y tro. Ymhlith y tasgau y disgwylid i longwr eu cyflawni oedd: llywio'r llong, newid yr hwyliau, codi'r angor, calcio (llenwi rhwng yr estyll pren i gadw'r dŵr allan) a sgwrio'r dec. Roeddent yn sgwrio'r dec ar y Sul yn aml, a hynny gyda darn o dywodfaen maint Beibl. Prentis llongwr oedd gwas caban. Roedd y bwyd ar fwrdd llong yn ddiflas gan mai cig wedi'i halltu a bisgedi llong caled ydoedd gan amlaf.	FfD tt. 7, 16-17 G 9

	Beth oedd gwrecwyr yn ei wneud?	Pobl leol oedd gwrecwyr a âi allan ar nosweithiau stormus i hongian lampau a goleuadau ar hyd y glannau i ddenu llongau i'r lan. Câi'r llongau eu dryllio ar y creigiau a'u cargoau eu gwasgaru ar y traethau. Mae hanesion am wrecwyr yn dryllio llongau ar y creigiau twyllodrus ger Rhosili yn ystod y ddeunawfed ganrif.	G 9
	Tocynnau copr	O ddiwedd y ddeunawfed ganrif tan 1817, roedd Cwmni Mwynglawdd Parys yn cynhyrchu tocynnau copr. Caent eu defnyddio i dalu cyflogau mwynwyr a gweithwyr copr yn lle arian go iawn, a dim ond yn siopau'r cwmni yn Sir Fôn, Lerpwl a Llundain (nid Abertawe) y gellid eu defnyddio. Cynhyrchwyd bron i naw miliwn tocyn (ceiniog) copr. Yn y stori, mae mam Daniel wedi rhoi tocyn copr iddo fel symbol o lwc dda. Nid oedd tocynnau'n cael eu defnyddio i dalu i'r gweithiwyr yng ngweithfeydd copr Abertawe.	G 18
	Beth ydyn ni'n ei wybod am y Copar Ladis?	Roedd menywod, a elwid yn eironig yn 'Copar Ladis', yn cael eu cyflogi ym mwynfeydd copr Amlwch i dorri cnapiau o fwyn copr yn ddarnau llai (maint wyau ieir) ar gyfer eu mwyndoddi. Gweithiai tua 60-80 o Gopar Ladis yn y mwynfeydd hyn yn yr 1800au, a hynny am dâl o 10 ceiniog am sifft 12 awr, neu 6 swllt yr wythnos. Roedd hyn yn sylweddol uwch na chyflogau morynion fferm yn yr un cyfnod. Yn 1800-1810, roeddent yn gweithio allan yn yr awyr agored, ond yn ddiweddarach gweithient mewn sied bren fawr, swnllyd. Byddent yn gwisgo dillad gwaith trwm (betgwn, pais, sgarff, ffedog ledr a het). Fodd bynnag, agwedd fwyaf dramatig y wisg oedd y faneg haearn a lledr â chylchoedd haearn, a wisgid ar y llaw chwith, a oedd yn dal y mwyn copr yn ei le wrth i'r Copar Ladi ei dorri'n ddarnau â morthwyl yn ei llaw dde. Gwisgent glocsiau, wedi'u gwneud yn lleol, i warchod eu traed, a sgarff i amddiffyn eu clustiau. Pan aent yn rhy hen a musgrell i weithio, byddai'r cwmni'n talu pensiwn iddynt. 📖 J. R. Harris (2003) *The Copper King*, Landmark Publishing Rowlands, John (1981) *Copper Mountain*, Cymdeithas Hynafiaethwyr Môn Williams, J. Richard (2011) *Mynydd Parys 'Lle bendith? – Lle melltith Môn'*, Llyfrau Llafar Gwlad, Gwasg Carreg Gwalch	FfD tt. 8, 13, 16, 21 G 16
4-5	Hwylio i fyny afon Tawe	Dau o'r prif resymau dros ddatblygiad y diwydiant copr yng Nghwmtawe Isaf oedd: agosrwydd cyflenwad digonol o lo, a'r ffaith fod modd mordwyo i fyny afon Tawe am dair milltir, gan olygu y gallai llongau glannau gyrraedd hyd at y meysydd glo. Byddai'r llongau'n hwylio i mewn gyda'r llanw ac yn angori wrth y ceiau ar hyd glannau'r afon. Ar ôl dadlwytho'r mwyn copr ac ail-lwytho â glo, byddent yn aros i'r llanw nesaf eu cario allan i'r môr. Câi ysgraffau eu defnyddio i gario glo a mwyn copr ar gamlas Abertawe ac afon Tawe.	FfD t. 11 G 15

	Goleudy newydd Penrhyn y Mwmbwls	Cafodd y goleudy newydd ar y Mwmbwls ei gynllunio gan y pensaer William Jernegan a'i adeiladu yn 1793. Noder rhai goleudai Cymreig eraill: goleudy Smalls ger Tyddewi; goleudy Ynys Enlli a goleudy Ynys Lawd, Caergybi.	

	Llygredd o'r gweithfeydd copr	Roedd mwyngloddio a mwyndoddi copr yn cynhyrchu llygredd enfawr ar ffurf tipiau mawr o wastraff, neu slag, a chymylau o nwyon gwenwynig a oedd yn lladd coed a chnydau, ac yn gwenwyno'r anifeiliaid a oedd yn eu bwyta. Disgrifiodd Richard Ayton (1786-1823) Fynydd Parys fel hyn yn 1813: 'ar bob un wyneb mae cyn noethed â'r ffordd gyhoeddus. Ni all unrhyw lystyfiant fyw yn yr amgylchedd sylffyraidd hwn; nid arbedwyd na chwyn, na chen ar y creigiau.' Mae'r dirwedd yn parhau'n debyg i dirwedd y lleuad hyd heddiw.
		
		    Yn Abertawe, roedd y ffwrneisi copr yn chwydu nwyon drewllyd ac angheuol, yn llawn arsenig a sylffwr, i'r awyr, a chafwyd anghydfodau difrifol rhwng y Meistri Copr a'r meistri tir a'r ffermwyr ynglŷn â hyd a lled y llygredd yng Nghwmtawe. Gallai'r pennill lleol o'r 1890au am Landŵr gerllaw fod yr un mor wir am Fynydd Cilfái ar ddechrau'r ganrif:
		        Digwyddodd rywdro, do yn siŵr,
		         I'r Diafol fentro i Landŵr,
		        Ac meddai, 'Rwy'n teimlo mod i gartre nawr
		        Yng nghanol y gwynt a'r drewdod mawr'.
		Erbyn yr 1950au, roedd holl weithfeydd copr, sinc ac arsenig yr ardal wedi cau, a labelwyd tirwedd ddiffaith ôl-ddiwydiannol Cwmtawe Isaf fel yr un waethaf yn Ewrop. Roedd tipiau uwch na thai yno, ac roedd afon Tawe'n llawn o wastraff oren, gwenwynig yn llifo i Fae Abertawe.

		    Ar ddechrau'r 1960au, dechreuodd Project Cwmtawe Isaf adfer y tir. Yn ystod yr ugain mlynedd nesaf, adeiladwyd Doc y De, y Marina, canolfan chwaraeon Stadiwm Athletau'r Morfa a Pharc Menter Abertawe i ailddatblygu'r ardal. Cafwyd gwared ar bron bob un o'r adeiladau diwydiannol; cadwyd ambell un a oedd o ddiddordeb hanesyddol.
		
		 📖 Hughes, Stephen ((2000) *Copperopolis: Landscapes of the Early Industrial Period in Swansea*, CBHC
			FfD tt. 4, 9, 10-11, 14
			
			G 20
			
			G 22

6-7	Ble oedd y gweithwyr copr yn byw? Pa fath o dai oedd ganddyn nhw?	Roedd y Meistri Copr yn codi tai i'w gweithwyr crefftus allweddol am eu bod yn gwybod y byddent yn dal i weithio iddynt pe bai ganddynt lety i'w rentu. Rhywdro rhwng 1799 ac 1813, adeiladodd y teulu Grenfell (ac efallai Owen Williams o Amlwch), perchenogion Gweithfeydd Copr Middle Bank, dair rhes o dai teras ar gyfer eu gweithwyr. Daethpwyd i'w galw'n Grenfelltown, Taplow Terrace a Rifleman's Row. Er eu bod wedi newid llawer, mae'r terasau hyn, yn ardal Pentre-chwyth, i'w gweld hyd heddiw. Roedd tipyn o le yn y tai, gyda dwy ystafell i fyny'r grisiau a dwy i lawr. Yn ogystal â hyn, cloddiodd y teulu Grenfell ffynnon ym mhen gogledd-ddwyreiniol y terasau i roi cyflenwad o ddŵr i'r tai. Yn 1837-38, roedd y teulu Vivian, perchenogion Gweithfeydd Copr yr Hafod, wedi adeiladu trefgordd Trevivian ar gyfer eu gweithwyr. Daeth Trevivian i gael ei galw'n Hafod yn ddiweddarach. Yr Hafod yw'r drefgordd fwyaf cyflawn ar gyfer gweithwyr copr i oroesi yn Abertawe. Yn eu cyfnod, ystyrid y tai hyn yn esiampl dda o dai gweithwyr.	FfD tt. 8, 18-19 G 19
	Bwydydd traddodiadol	Cig (hallt neu ffres), tatws, llysiau a pherlysiau wedi'u berwi gyda'i gilydd mewn sosban dros dân agored yw cawl. Yn 1800-1810, roedd e'n bryd bwyd poblogaidd ganol dydd yng nghefn gwlad ac yn bryd nos traddodiadol i weithwyr diwydiannol yn ne Cymru. Gellid gweini'r un cawl, gyda mwy o hylif wedi'i ychwanegu, ar gyfer prydau dilynol. Yng ngogledd Cymru, câi ei alw'n lobsgows a'i weini fel swper chwarel i chwarelwyr llechi. Byddent yn defnyddio powlenni/dysglau a llwyau o bren masarn i fwyta'r cawl a'r lobsgows. Bwydydd traddodiadol eraill oedd llymru neu sucan, ac yn Abertawe roedd cocos yn boblogaidd ar y fwydlen hefyd.	FfD tt. 22-23 G 6 CLI BWYD
	Pa mor beryglus oedd y gwaith yn y gweithfeydd copr?	Roedd y rhan fwyaf o'r gwaith yn galed a blinedig, ac roedd peth ohono'n beryglus. Roedd yn rhaid i weithwyr y ffwrneisi ddioddef gwres enbyd o'r metel tawdd y tu mewn i'r ffwrneisi ac o'r slag a redai ymaith yn ffrwd wrth eu traed. Byddai gweithiwr yn y ffwrnais yn aml yn gwisgo darn o ddefnydd hwyliau wedi'i orchuddio â chlai gwlyb i amddiffyn y fraich a oedd yn arwain. Byddai'r gweithwyr hefyd yn anadlu nwyon sylffwrig i mewn a byddent yn gorchuddio'u cegau a'u ffroenau â hancesi poced. Byddai'n rhaid iddynt ruthro allan yn aml i anadlu aer llai amhur. Roedd diffyg hylif yn gyffredin, a byddai gweithwyr copr yn yfed rhwng dwy a thair galwyn o gwrw neu seidr gydol pob sifft. Roedd dŵr yn cario afiechydon. Byddai'r rhan fwyaf o'r bechgyn a oedd yn dechrau gweithio yn y ffwrneisi yn colli'u lleisiau dros dro. Roedd gweithwyr copr yn dioddef yn enbyd o asthma a broncitis cronig. Gallai'r rhai a oedd yn gweithio o flaen y ffwrneisi gael eu sgaldio gan fetel yn gollwng neu'n tasgu. Byddai rhai'n marw ac eraill yn cael eu hanffurfio'n ddifrifol. Yn aml, edrychai gweithwyr copr yn denau a chrimp.	G 17

		Fodd bynnag, tueddai eu cyflogau i fod yn uwch ac yn fwy cyson na chyflogau glowyr a gweithwyr haearn. 📖 Rees, Ronald (2012) *King Copper: South Wales Copper Trade 1584-1895*, GPC Porch, Richard (2005) *Swansea: History You Can See,* Tempus Publishing Limited	
8-9	Pa mor bwysig oedd y pyllau glo?	Erbyn yr ail ganrif ar bymtheg, roedd y glo o Gwmtawe Isaf wedi gwneud Abertawe yn borthladd prysuraf Cymru. Roedd y glo yn rhad i'w gloddio. Roedd hyn yn allweddol i dwf y gweithfeydd copr gan fod angen tua deunaw tunnell o lo i fwyndoddi pedair tunnell o fwyn copr er mwyn cynhyrchu un dunnell o gopr. Felly, roedd hi'n llawer mwy effeithlon dod â'r mwyn copr at y cyflenwad glo. Roedd nifer o lofeydd yn cael eu gweithio yn yr ardal hon *c*1800-1810, e.e. Pyllau Glo Llansamlet, Trewyddfa a Thirdeunaw.	
	Camlas Abertawe	Cafodd y gamlas ei hadeiladu yn 1794-98 er mwyn agor cefnwlad Abertawe i fasnach a diwydiant. Roedd y gamlas yn rhedeg am 16 milltir, o Abertawe i Aber-craf.	G 15
	Cartrefi gweithwyr diwydiannol	Roedd diwydianwyr eraill yn darparu tai ar gyfer eu gweithwyr hefyd. Yn ardal Abertawe rhwng 1768 ac 1775, codwyd llety tebyg i flociau o fflatiau, sef Castell Morris, gan y Meistr Copr a Glo lleol, John Morris, ar gyfer teuluoedd glowyr o Sir Benfro. Credir yn gyffredinol mai hwn oedd y llety cyntaf yn y byd i'w godi'n benodol gan gyflogwr ar gyfer ei weithwyr. Efallai hefyd mai Castell Morris oedd y bloc o fflatiau cyntaf yn y byd. Yn Nhreforys gerllaw, cynlluniwyd pentref diwydiannol cynharaf Cymru ar lun grid, wedi'i ddylunio gan William Edwards a'i enwi ar ôl ei sylfaenydd, John Morris. Cododd diwydianwyr eraill dai ar gyfer eu gweithwyr yn ystod y cyfnod hwn hefyd. Er enghraifft, *c*1800 cododd Richard Crawshay, y Meistr Haearn, dai ar gyfer ei weithwyr haearn yn Rhyd-y-car, Merthyr Tudful (sydd bellach wedi'u hailgodi yn Amgueddfa Werin Cymru, Sain Ffagan). Yn yr un modd, cafodd tai gweithwyr eu hadeiladu yn Engine Row, Blaenafon yn 1788-89, a chodwyd tai'r Triongl, Pentre-bach, Merthyr Tudful ar gyfer gweithwyr haearn Plymouth tua 1839-44.	FfD tt. 18-19, 21 G 5 CLI CARTREFI
	Beth oedd plant a menywod yn ei wneud yn y pyllau glo?	Tynnwyd sylw gan adroddiad Comisiwn Brenhinol yn 1842, a fu'n ymchwilio i fater cyflogi plant yn y pyllau glo, at y modd y câi plant eu hecsbloetio mewn mwyngloddiau glo a haearn. Gweithiai plant mor ifanc â saith oed (rhai mor ifanc â phump) fel halwyr, yn tynnu a gwthio dramiau o lo dan ddaear neu ar yr wyneb, neu fel dryswyr, yn cau ac agor drysau i ganiatáu i aer awyru'r mwyngloddiau. Eisteddai'r dryswyr, yn ferched a bechgyn, yn y tywyllwch, heb unrhyw un i siarad â nhw a chyda dim ond cannwyll yn gwmni. Gweithiai rhai plant sifftiau 18 awr dan ddaear. Dyma sut y disgrifiodd Robert Hugh Franks y gwaith hwn i Gomisiwn 1842: 'Mewn rhai	FfD tt. 16-17 CLI GWAITH

		pyllau mae sefyllfa'r trueiniaid hyn yn ingol. Gyda'i gannwyll unig, yn oer a gwlyb yn ei gornel cyfyng, mae'r plentyn truenus, wedi'i amddifadu o olau ac aer, ac yn llwglyd, yn treulio'i ddiwrnod mewn distawrwydd: ei dâl neu ei thâl yn 6c. i 8c. y dydd.' Gweithiai plant eraill ar wyneb y pwll yn didoli glo. Gweithiai menywod fel labrwyr ar yr wyneb ac o dan ddaear hefyd. Roedd Deddf Mwynfeydd 1842 yn gwahardd pob menyw a phob bachgen dan ddeg oed rhag cael eu cyflogi dan ddaear. Fodd bynnag, ni chafodd y ddeddf ei gweithredu'n llawn ac roedd dryswyr yn dal i gael eu cyflogi. Parhâi merched ifanc i weithio ar wyneb y tipiau glo gydol y bedwaredd ganrif ar bymtheg.	
	Beth oedd pobl yn ei wneud yn eu hamser hamdden? Diwrnod yn y rasys ceffylau	Ychydig iawn o amser hamdden a gâi aelodau'r dosbarth gwaith, ond byddent yn mynychu ffeiriau. Er enghraifft, roedd ffair Llangyfelach, ryw bum milltir i'r gogledd o Abertawe, yn arbennig o boblogaidd. Roeddent yn mwynhau chwaraeon garw a direol, megis bando a chnapan (cymysgedd o rygbi a phêl-droed cynnar), yn ogystal â sbort creulon megis ymladd ceiliogod a baetio teirw a moch daear, nes iddynt gael eu gwahardd yn yr 1830au. Byddent hefyd yn cymryd rhan mewn cystadlaethau rhedeg a cherdded, ac mewn mabolgampau. Cafodd rasio ceffylau ar dwyni tywod Crymlyn, Abertawe ei gyflwyno yn 1803, a daeth yn achlysur cymdeithasol poblogaidd i bob dosbarth yn fuan iawn. Byddai'r dosbarth gwaith yn crwydro'r stondinau o amgylch y cae ras ac yn betio ar y rasio. Byddai menywod a dynion yn jocis yn y rasys hyn. Roedd y dosbarthiadau uwch yn hoffi hela, saethu a physgota ar eu stadau yn y wlad. Hughes, Stephen ((2000) *Copperopolis: Landscapes of the Early Industrial Period in Swansea*, CBHC Evans, R. Meurig (1979) *Plant yn y Pyllau Glo 1840-42*; (1973) *Plant yn y Diwydiant Haearn 1840-42*, Amgueddfa Genedlaethol Cymru Campbell, Robin (2004) *All Bets are Off*, Gomer	FfD tt. 8, 13, 26-27 G 14 CLl HAMDDEN a DATHLIADAU
10-11	Addysg ac Ysgol y Gweithfeydd Copr	Sylfaenwyd ysgol gyntaf y gweithfeydd copr yn 1806-07. Cafodd y safle yn Foxhole ei roi gan John Freeman a'i Gwmni, perchenogion Gweithfeydd Copr White Rock, ond Pascoe Grenfell a'i Gwmni, perchenogion Gweithfeydd Copr Upper a Middle Bank, a ysgwyddodd faich y gost o adeiladu'r ysgol. Câi ei chynnal trwy atal ceiniog yr wythnos o gyflogau'r gweithwyr yn y tri gwaith hyn. Roedd hyn wedyn yn talu am addysg y bechgyn. Talai merched ar wahân, os oedd eu teuluoedd yn gallu fforddio hynny. Mae rhan o adeilad yr ysgol wedi goroesi fel Tŷ Cwrdd Efengylaidd. Yn ddiweddarach, rhannwyd yr ysgol yn ysgolion babanod (a merched) ac ysgol iau, a chafodd y ddwy eu harolygu yn 1847 gan Gomisiwn Brenhinol a fu'n ymchwilio i gyflwr addysg yng Nghymru. Yn adroddiad y Comisiynwyr, nodwyd bod ysgolfeistr yr ysgol iau yn hen	FfD t. 17

		ŵr a arferai fod yn saer maen cyn iddo gael ei anablu 41 mlynedd ynghynt, a bod y dosbarth yn darllen drwy'r Testament Newydd. Roedd y teulu Vivian yn hyrwyddo addysg yn Abertawe hefyd, ac yn 1847-48 agorwyd Ysgolion Gweithfeydd Copr yr Hafod. Ym Merthyr Tudful, roedd y teulu Guest yn noddi'r gwaith o godi a rhedeg yr ysgolion blaengar a llwyddiannus yn Nowlais.	
	Pam yr oedd addysg ysgolion yn Saesneg yn y cyfnod hwn?	Er mai Cymry Cymraeg uniaith, mae'n debyg, oedd mwyafrif y plant a fynychai'r ysgol hon, roedd yr addysg yn Saesneg, gydag ambell air o eglurhad yn Gymraeg. Roedd hyd yn oed y cyflogwyr mwyaf goleuedig yn ystyried bod y Gymraeg yn cyfyngu ar orwelion eu gweithwyr yn ddirfawr. Doedd y *Welsh Not* ddim wedi'i gyflwyno mewn ysgolion eto.	
12-13	Twf twristiaeth ar ddechrau'r bedwaredd ganrif ar bymtheg	Yn 1800-1810, roedd Abertawe yn awyddus i gael ei hystyried yn 'Brighton Cymru'. Yn ystod y cyfnod hwn, gyda Rhyfeloedd Napoleon yn rhwygo Ewrop, roedd teithwyr yn methu mynd ar y 'Daith Fawr' o gwmpas Ewrop yn ôl eu harfer ac yn dewis teithio o gwmpas Prydain. Roedd Abertawe yn ei hyrwyddo'i hun fel cyrchfan glan môr ffasiynol oedd â thafarnau da, 35 lIety, gyda llawer ohonynt ar y Burrows, Baddondy a pheiriannau ymdrochi, theatrau ac ystafelloedd ymgynnull. Fodd bynnag, roedd pryder hefyd y byddai'r nwyon a'r llygredd o'r gweithfeydd copr yn nwyrain y dref yn atal ymwelwyr rhag dod. Dyma pam yr oedd Castell Ystumllwynarth, goleudy'r Mwmbwls a thraethau Penrhyn Gŵyr, a oedd i'r gorllewin o'r dref, yn cael eu hyrwyddo fel atyniadau twristaidd.	FfD tt. 8-9, 26-27 FfD t. 11
	Tramffordd Ystumllwynarth (a elwir hefyd yn drên y Mwmbwls)	Cafodd ei hadeiladu'n wreiddiol yn 1804 i gludo calchfaen o'r chwareli yn y Mwmbwls i Abertawe a'r marchnadoedd y tu hwnt. Ar 25 Mawrth 1807, cludodd y teithwyr cyntaf yn y byd i dalu am deithio ar reilffordd. Ceffyl oedd yn tynnu'r goets ar y cychwyn ac yna bŵer ager. Yn ddiweddarach, câi ei phweru â thrydan. Caeodd ym mis Ionawr 1960.	FfD t. 25
	Beth oedd gwaith menywod yn y gweithfeydd copr?	Menywod a merched oedd yn gwneud y gwaith ysgafnach, ond llai dymunol yn aml, yn y gweithfeydd copr. Byddent yn torri'r mwyn copr yn ddarnau mwy hylaw, ac yn cludo glo a mwyn copr i'r ffwrneisi. Byddai eraill yn casglu'r piso o'r tai oddi amgylch i buro a phiclo'r platiau copr. Byddent yn cario cwrw a seidr i'r dynion copr sychedig. Rhaid cofio mai menywod oedd hefyd yn gwneud yr holl waith tŷ di-dâl yn y cyfnod hwn – glanhau, golchi a choginio ar gyfer y teulu – a hynny ar ben diwrnod o waith cyflogedig. 📖 Boorman, David (1986) *The Brighton of Wales,* Swansea Little Theatre Company Gabb, Gerald (1987) *The life and times of the Swansea and Mumbles Railway,* D. Brown a'i Feibion Rees, Ronald (2000) *King Copper: South Wales Copper Trade 1584-1895,* GPC	FfD tt. 16-17

14-15	Beth oedd gwaith bechgyn yn y gweithfeydd copr?	Byddai bechgyn yn dechrau gweithio yn y gweithfeydd copr pan oeddent tua 12 oed, ac ar y cychwyn byddent yn gwneud gwaith di-grefft. Byddent yn glanhau'r pyllau lludw, ac yn iro a glanhau peiriannau. Byddai rhai bechgyn yn gwthio berfâu o lo a mwyn i'r ffwrneisi, ac eraill yn torri slag o'r gweithfeydd i gael hyd i ragor o fwyn copr i'w aildoddi. Gweithiai llawer ohonynt hyd at 14 awr y dydd, gyda thoriad o ddeng munud i frecwast a chwarter awr i ginio. At hyn, gweithient sifft hir o 24 awr (neu hwy hyd yn oed) er mwyn sicrhau nad oedd y tanau'n diffodd yn llwyr rhwng nos Sadwrn a bore Llun, pan fyddai'r gweithfeydd ar gau.	
	Pam yr oedd gwaith dyn copr yn gyfrinach?	Ystyrid bod y dull o droi mwyn amrwd yn fetel meddal, disglair, trwy ei rostio a'i buro, yn grefft llawn hud a lledrith. Yn 1811, roedd purwr copr crefftus o'r enw William Howell wedi arwyddo cytundeb â'r teulu Vivian o Weithfeydd Copr yr Hafod na fyddai'n datgelu cyfrinachau ei grefft i unrhyw un heblaw aelodau o'i deulu ei hun. Pan agorodd Gweithfeydd Copr y Morfa yn union y drws nesaf i Weithfeydd yr Hafod yn 1834, codwyd wal garreg uchel rhyngddynt. Yn ôl yr hanes, dywedwyd wrth weithwyr y Morfa nad oeddent i drafod y dulliau cynhyrchu â gweithwyr yr Hafod.	FfD t. 7
16-17	Pa mor bwysig oedd mynychu capel neu eglwys yn 1800-1810?	Ar ddechrau'r bedwaredd ganrif ar bymtheg, roedd un capel anghydffurfiol yn cael ei godi bob wyth niwrnod yng Nghymru. Yn y stori, mae Daniel yn mynychu Salem, Capel-y-cwm, capel yn perthyn i enwad y Methodistiaid Calfinaidd ym Môn-y-maen. Cafodd ei adeiladu yn 1782-83 a'i ailadeiladu yn 1822, pan oedd angen adeilad mwy. Cafodd ei adeiladu yn yr arddull bensaernïol Sioraidd. Yn 2001, llosgwyd y capel gwreiddiol yn ulw, ond mae'r gynulleidfa yn dal i addoli yn y capel mawr y drws nesaf. Mae'n debygol y byddai Daniel wedi mynychu capel Methodistaidd Calfinaidd tebyg yn Amlwch. Yn yr 1780au, sefydlwyd ysgolion Sul yn Lloegr gan Robert Raikes er mwyn addysgu plant y dosbarth gwaith ar eu hunig ddiwrnod o wyliau o'r ffatrïoedd. Yr amcan oedd eu dysgu i ddarllen ac ysgrifennu, gyda'r Beibl fel sail. Yng Nghymru, hyrwyddodd Thomas Charles o'r Bala fudiad yr ysgolion Sul, a'r Gymraeg oedd cyfrwng y dysgu gan amlaf.	FfD tt. 28-29
	Dillad dydd Sul (neu ddillad parch)	Dim ond dillad gwaith a'r dillad a wisgent i'r capel/eglwys ar y Sul ac i achlysuron pwysig eraill, megis priodasau ac angladdau, oedd gan y dosbarth gwaith yn c1800-1810.	CLI DILLAD

Tabl 2: Pwyntiau trafod o'r stori

2. Ffeithiau Diddorol i'r Disgybl

Mae'r llyfr hwn yn disgrifio'r **dystiolaeth** hanesyddol y seiliwyd y stori arni. **Bydd ymdrin â'r dystiolaeth hon yn hyrwyddo llythrennedd a rhifedd y disgyblion**. Mae'n gwneud hynny trwy ofyn cwestiynau allweddol ac annog disgyblion i feddwl am natur y dystiolaeth. Bydd yn bwysig cymharu a chyferbynnu'r dystiolaeth hon â'r dystiolaeth sydd ar gael am yr un cyfnod yn ardal leol yr ysgol ei hun, yn ogystal â'r dystiolaeth sydd ar gael am gyfnod arall yn y bedwaredd ganrif ar bymtheg, naill ai o'r pecyn *Bywyd Bob Dydd yng Nghymru yn yr 1890au* neu o'r ardal leol. Dywedir i 'bobl Oes Victoria ddarganfod y byd yn wag a'i lenwi'. Yn sicr, cafwyd toreth o dystiolaeth ddogfennol, megis papurau newydd, cylchgronau, y cyfrifiad ac ati, ac arteffactau a ffynonellau gweledol, yn enwedig ffotograffau, yn ystod blynyddoedd olaf y bedwaredd ganrif ar bymtheg.

Mae'r dystiolaeth ar gyfer y degawd rhwng 1800 ac 1810 yn dod o ffynonellau amrywiol, pob un â'i gwendidau a'i chryfderau ei hun, er enghraifft:

A. Y cyfrifiad

Trefnodd y llywodraeth gyfrifiad o'r boblogaeth bob deng mlynedd yn ystod y bedwaredd ganrif ar bymtheg. Cynhaliwyd y cyntaf yn 1801. Yn anffodus, mae'r rhan fwyaf o'r ffurflenni cynnar hyn naill ai wedi'u colli neu eu dinistrio, a lle maent wedi goroesi does fawr ddim manylion arnynt. Yn rhyfeddol, mae cyfrifiad Amlwch ar gyfer 1801 wedi goroesi. Daeth y cyfrifiadau i fod yn llawer mwy cynhwysfawr o 1841 ymlaen, ac maent yn ffynhonnell hanesyddol werthfawr iawn. Mae cyfrifiad 1891, er enghraifft, yn nodi enwau aelodau pob tyaid (gan gynnwys ymwelwyr/lletywyr) ar ddiwrnod penodol, eu perthynas â'i gilydd, eu hoedran a'u gwaith, a man geni pob un. Yn 1891, am y tro cyntaf, roedd yn rhaid i bob un ddweud a oedd yn siarad Cymraeg neu Saesneg neu'r ddwy iaith.

Gallai disgyblion gymharu'r ffurflenni cyfrifiad ar gyfer eu hardaloedd eu hunain yn 1801 ac 1891. Mae ffurflenni cyfrifiadau yn cael eu cadw mewn archifdai a llyfrgelloedd sir.

B. Papurau newydd

Mae'r bedwaredd ganrif ar bymtheg wedi cael ei galw'n 'ganrif yr inc' oherwydd bod cymaint o bapurau newydd a chylchgronau wedi cael eu cyhoeddi. Fel y gwelwn yn *Ffeithiau Diddorol i'r Disgybl*, y papur newydd cyfrwng Saesneg wythnosol cyntaf i'w gyhoeddi yng Nghymru oedd y *Cambrian*, a hynny yn Abertawe yn 1804. Daeth eraill i'w ganlyn yn fuan: y *North Wales Gazette* (Bangor 1808; sef y *North Wales Chronicle* yn ddiweddarach) a'r *Carmarthen Journal* (1810). Erbyn diwedd y bedwaredd ganrif ar bymtheg, roedd papur newydd lleol ar gael ar gyfer pob ardal yng Nghymru, a dylid annog disgyblion i'w hymchwilio i gael hyd i storïau lleol a chenedlaethol diddorol, e.e. y *Monmouthshire Merlin* (1829); y *Carnarvon Herald* (1831, sef y *Caernarvon and Denbigh Herald* o 1836 ymlaen); y *Cambrian News* (1860); yr *Aberdare Times* (1861); y *Cardigan Tivyside Advertiser* (1866) ac ati. Gellir gweld y rhain, ynghyd â sawl papur newydd lleol byrhoedlog arall, mewn archifdai a llyfrgelloedd sir. Maent yn arbennig o werthfawr o safbwynt digwyddiadau lleol, megis trychinebau mewn pyllau glo, streiciau a phrotestiadau, ac am eu hysbysebion, sy'n rhoi cipolwg diddorol ar fywyd bob dydd y cyfnod.

Ymddangosodd *The Times* fel papur newydd cenedlaethol dyddiol yn 1785, ond yng Nghymru, y papurau newydd dyddiol cynharaf oedd y *Liverpool Daily Post*, a ymddangosodd yn 1855 ac a oedd yn cwmpasu gogledd Cymru, y *Cambrian Daily Reader* (Abertawe 1861) a'r *Western Mail* (Caerdydd 1869). Mae llawer iawn o wybodaeth ynddynt ar gyfer y rhai sy'n astudio hanes lleol a chenedlaethol Cymru yn ail hanner y bedwaredd ganrif ar bymtheg.

Argraffwyd papurau newydd Cymraeg hefyd. Y cyntaf oedd *Seren Gomer*, sef wythnosolyn a argraffwyd yn Abertawe yn 1814, ond a oedd yn gyfnodolyn misol erbyn 1820. Ymysg y papurau Cymraeg pwysicaf a mwyaf dylanwadol oedd *Yr Herald Cymraeg* (Caernarfon 1855) a *Baner ac Amserau Cymru* (Dinbych 1859). Cyhoeddwyd llu o gylchgronau misol enwadol yn ystod y bedwaredd ganrif ar bymtheg hefyd. Gellir cael mynediad at nifer o'r rhain ar wefan Llyfrgell Genedlaethol Cymru, o dan Papurau Newydd Cymru Arlein.

C. Portreadau, paentiadau a darluniau

Gan nad oedd ffotograffiaeth wedi'i dyfeisio tan yr 1830au, rydym yn ddibynnol ar bortreadau, paentiadau a darluniau ar gyfer ein delweddau gweledol o *c*1800-1810. Yn ffodus, ymwelodd sawl arlunydd proffesiynol ac amatur â Chymru yn ystod y cyfnod hwn, gan beintio nid yn unig y dirwedd wledig hardd ond hefyd y byd diwydiannol byrlymus a oedd yn esblygu. Gellir cymharu a chyferbynnu'r golygfeydd hyn o ddechrau'r bedwaredd ganrif ar bymtheg â chynrychioliadau o fywyd yn yr 1890au (neu gyfnod arall o ail hanner y bedwaredd ganrif ar bymtheg, yn unol â thema hanes lleol ddewisedig yr ysgol), a welir mewn ffotograffau sydd wedi goroesi. Bydd gan archifdai sirol a llyfrgelloedd lleol a sirol gasgliadau o ffotograffau lleol diddorol. Mae gan Lyfrgell Genedlaethol Cymru gasgliadau cenedlaethol pwysig o ffotograffau, a gellir eu pori ar ei gwefan.

Ch. Disgrifiadau teithwyr

Oherwydd y rhyfel yn Ewrop (1793-1815), ni allai teithwyr a thwristiaid fentro ar y 'Daith Fawr' arferol. Roedd yn rhaid iddynt yn hytrach fodloni ar deithio o amgylch Prydain. Cadwai nifer o'r teithwyr hyn ddyddiaduron neu lyfrau taith, neu ysgrifennent lythyrau am eu profiadau, ac mae'r rhain yn ddeunyddiau gwerthfawr i haneswyr. Gellir defnyddio'r detholiadau o'r rhain i drafod cynrychioliadau o hanes, sef un o'r sgiliau hanesyddol yn y cwricwlwm Hanes, am eu bod yn adlewyrchu barn unigolion am ddigwyddiadau a phobl yn y cyfnod. Yn ddiddorol, ysgrifennwyd rhai o'r ffynonellau hyn gan fenywod, a chawn ynddynt gipolwg prin ar eu bywydau. Fodd bynnag, rhaid trin ffynonellau o'r fath â gofal gan eu bod yn aml yn adlewyrchu cynrychioliadau pobl o'r tu allan i Gymru, a gallant fod yn nawddoglyd a hyd yn oed yn gamarweiniol. Fel bob amser, dylid annog disgyblion i gymharu a chyferbynnu'r cynrychioliadau â ffynonellau cyfoes eraill. Yn ystod y bedwaredd ganrif ar bymtheg, yn arbennig o ganlyniad i dwf y rheilffyrdd, daeth twristiaeth yn gynyddol bwysig yng Nghymru, a gellir cymharu disgrifiadau'r teithwyr hyn ag argraffiadau awduron diweddarach, megis George Borrow yn *Wild Wales* (1862).

3. Cardiau Lluniau

Mae'r pecyn yn cynnwys chwe cherdyn A4 lliw sydd â lluniau ar y themâu canlynol arnynt: cartrefi, bwyd, cludiant, dillad, gwaith, hamdden a dathliadau. Mae'r rhain yn agweddau pwysig ar fywyd bob dydd, sy'n ganolbwynt i waith Hanes CA2. Ar ochr arall pob cerdyn gwelir y canlynol:

 Cwestiynau ar gyfer trafodaethau mewn parau neu grwpiau bychain

 Gweithgareddau posibl. Mae un gweithgaredd ar bob cerdyn yn gofyn i'r disgyblion gymharu'r lluniau ar gyfer y thema honno â lluniau o gyfnod arall yn y bedwaredd ganrif ar bymtheg, e.e. o'r pecyn *Bywyd Bob Dydd yng Nghymru yn yr 1890au*.

 Ymchwil annibynnol ychwanegol yn defnyddio adnoddau eraill

Mae'r gweithgareddau wedi'u cynllunio i hyrwyddo llythrennedd a rhifedd.

Gellir defnyddio'r arlunwaith yn y stori a'r delweddau yn *Ffeithiau Diddorol i'r Disgybl* ac ar y Cardiau

Lluniau fel sail i drafodaeth ynglŷn â deongliadau hanesyddol. Gellir annog disgyblion i feddwl am y canlynol:

- Y math o gynrychioliad/dehongliad, e.e. paentiad arlunydd, arddangosfa amgueddfa, arteffact
- Pwy greodd y cynrychioliad/dehongliad, e.e. arlunydd o'r cyfnod/arlunydd modern, awdur o'r cyfnod/awdur modern
- Pa ffynonellau a ddefnyddiwyd o bosibl i greu'r cynrychioliad/dehongliad, e.e. llyfrau, gwrthrychau, y Rhyngrwyd
- Pam y cafodd y cynrychioliad/dehongliad ei wneud, e.e. i hysbysu, perswadio, difyrru
- Beth mae'r ddelwedd yn ei ddweud wrthyn ni am y bobl, e.e. eu golwg, eu dillad
- Sut mae hwn yn cymharu â chynrychioliadau/ deongliadau eraill, e.e. yr hyn sy'n debyg, yr hyn sy'n wahanol

Golwg hanesyddol cyffredinol ar 1800-1810

Cyflwyniad

Mae'r golwg cyffredinol hwn yn edrych ar hanes cymdeithasol Cymru a Phrydain yn 1800-1810, sy'n ganolbwynt y cwricwlwm Hanes yng Nghyfnod Allweddol 2.

George III oedd brenin Lloegr, Cymru a'r Alban rhwng 1760 ac 1820, ac yn 1801 daeth Iwerddon yn rhan o'r Deyrnas Unedig. Fodd bynnag, oherwydd salwch hirdymor y brenin (1800-), cafodd y Tywysog George (George IV yn ddiweddarach) ei ddyrchafu'n rhaglyw, a gelwir chwarter cyntaf y bedwaredd ganrif ar bymtheg yn gyfnod y Rhaglywiaeth.

Yn 1789, ffrwydrodd y Chwyldro Ffrengig yn Ffrainc, ac ar ôl 1793 roedd Prydain yn rhyfela yn erbyn Ffrainc. Arweiniodd hyn at yr ymdrech olaf i oresgyn Prydain yn 1797, pan laniodd lluoedd Ffrengig yn Abergwaun a chael eu herio gan y Gymraes gadarn, Jemima Niclas. Brwydr Trafalgar, ar 21 Hydref 1805, oedd un o frwydrau enwocaf y rhyfel hwn, pan arweiniodd y Llyngesydd Horatio Nelson y Llynges Brydeinig i fuddugoliaeth dros lyngesau cyfunol Ffrainc a Sbaen. Un agwedd bwysig ar y llwyddiant hwn oedd y ffaith fod platiau o gopr o weithfeydd copr Abertawe ac Amlwch wedi cael eu defnyddio i amddiffyn cyrff llongau'r llynges (gan gynnwys llong Nelson, HMS *Victory*) rhag ymosodiadau taradr y môr, math ar fwydyn a oedd yn tyllu i'r pren ac yn ei ddinistrio.

Yn ystod 1800-1810, roedd y chwyldro

diwydiannol yn datblygu fwyfwy yng Nghymru. Er bod llawer o'r wlad yn dal i ddibynnu ar amaethyddiaeth, roedd yr ardaloedd diwydiannol yn dechrau denu gweithwyr gwledig a oedd yn chwilio am waith a chyfleoedd newydd. Yn ystod y bedwaredd ganrif ar bymtheg, byddai mwyngloddio a gweithio haearn, copr, plwm, arian a glo yn sicrhau bod Cymru yn chwarae rôl ganolog yn y chwyldro diwydiannol pwysig hwn.

Dechreuwyd mwyngloddio am gopr o ddifrif ar Fynydd Parys, Amlwch, Sir Fôn yn 1768, a hynny o wythïen gyfoethog o fwyn copr a oedd newydd ei darganfod pan ddaeth y mwynfeydd dan ofal Thomas Williams, neu Twm Chwarae Teg fel y câi ei alw gan ei weithwyr. Erbyn degawd olaf y ganrif, mwynfeydd Amlwch oedd yn cynhyrchu'r rhan fwyaf o fwyn copr y byd. Gellir priodoli peth o'r llwyddiant hwn i'r ffaith fod Williams wedi ennill cytundeb unigryw gan y Llynges Frenhinol (gyda chymorth ei asiant Pascoe Grenfell) i gyflenwi platiau a bolltau copr i orchuddio cyrff ei llongau. Codwyd ffwrneisi i fwyndoddi'r mwyn, a dechreuodd Williams fwyndoddi copr yn Abertawe hefyd a chloddio am fwyn copr yng Nghernyw. Gwelwyd oes aur y diwydiant yn ystod degawd olaf y ddeunawfed ganrif; yn 1790, cyflogid 1,200 o weithwyr, yn cynnwys y Copar Ladis. Fodd bynnag, erbyn 1798 roedd y niferoedd hyn wedi gostwng i 1,000, ac erbyn 1806 i 200. Adlewyrchir y dirwasgiad hwn yn *Wythnos ym Mywyd Daniel*, stori sydd wedi'i gosod yn haf 1808, pan fo Daniel yn gadael Amlwch am Abertawe i chwilio am well byd. Er i'r diwydiant copr adfywio yn yr 1810au a goroesi tan yr 1860au, Cernyw, ac yna Chile, oedd y prif gyflenwyr mwyn copr i weithfeydd Abertawe yn ystod y bedwaredd ganrif ar bymtheg.

Abertawe oedd yr ardal gyntaf yng Nghymru i gael ei diwydiannu. Roedd y maes glo yn ymestyn i lawr at y môr ac felly dechreuwyd cloddio am lo yn gynnar. Gan mai dyma'r ffynhonnell agosaf o lo at fwynfeydd metel de-orllewin Lloegr a Sir Fôn, datblygodd yn ganolfan y diwydiant mwyndoddi copr, nid yn unig yn y DU, ond ledled y byd. Gan fod angen teirgwaith cymaint o danwydd â mwyn ar gyfer y broses coethi copr, roedd hi'n fwy economaidd cludo'r mwyn at y glo nag i'r gwrthwyneb. Erbyn yr 1860au, roedd Abertawe'n cynhyrchu hanner cyflenwad copr y byd ac yn cael ei galw'n 'Copropolis'. Ymestynnai gweithfeydd copr o Ben-bre a Llanelli i Bort Talbot, ond Cwmtawe Isaf oedd y brif ganolfan. Yn 1800, roedd eisoes naw ffwrnais fwyndoddi yn y 'deyrnas gopr' hon.

Roedd y cysylltiadau â Chernyw yn bwysig hefyd. Gŵr o Marazion yng Nghernyw oedd Pascoe Grenfell (1761-1838), perchennog Gweithfeydd Copr Upper a Middle Bank; deuai John Vivian, perchennog gwaith copr mawr yr Hafod (1810 ymlaen), o Truro yng Nghernyw; ac roedd gan y teuluoedd Williams

a Foster, a oedd yn rhedeg gweithfeydd y Morfa (1830au), gysylltiadau cryf â Chernyw. Dyn lleol oedd John Morris, entrepreneur glo a mwyndoddi copr gweithfeydd Glandŵr a Llangyfelach.

Cafodd y newidiadau diwydiannol enfawr ar ddechrau'r bedwaredd ganrif ar bymtheg effaith ar sawl rhan o Gymru. Dim ond y rhai mwyaf arwyddocaol a grybwyllir yma, ond bydd astudiaethau lleol yn datgelu eraill. Byddai disgyblion yn elwa o ymchwilio i ffynonellau tebyg i'r rhai a ddefnyddiwyd yn yr astudiaeth hon o'r diwydiant copr (e.e. mapiau, darluniau, y cyfrifiad, papurau newydd, arteffactau, olion diwydiannol ac ati) ar gyfer eu pwnc dewisol hwy.

- Gan fod digonedd o fwyn haearn, glo a chalchfaen gerllaw, datblygodd Blaenafon, Merthyr Tudful a Dowlais yn ganolfannau cynhyrchu haearn pwysig iawn yn ystod y cyfnod hwn. Yn wir, erbyn yr 1820au, roedd de Cymru'n cynhyrchu 40% o holl haearn crai Prydain.

- Yng Ngwaith Haearn y Bers, ger Wrecsam, cynhyrchai John 'Iron-Mad' Wilkinson fagnelau a pheli magnel ar gyfer y rhyfel yn erbyn Ffrainc, a silindrau ar gyfer peiriannau ager James Watt.

- Yn Nyffryn Maes Glas, Treffynnon, Sir y Fflint, roedd melinau gwlân, mwynfeydd plwm a gweithfeydd copr yn ddiwydiannau o bwys. Thomas Williams, 'Brenin Copr' Amlwch, a adeiladodd y ffwrneisi copr, lle câi eitemau fel breichledi copr ar gyfer y fasnach gaethweision eu gwneud. Gellir hefyd weld platiau copr a wnaed ar gyfer HMS *Victory* yn Amgueddfa Parc Treftadaeth Maes Glas.

- Gellir olrhain olion y diwydiant llechi, a gysylltir yn bennaf â gogledd-orllewin Cymru, mewn ardaloedd eraill yng Nghymru hefyd, e.e. Sir Benfro. Roedd y diwydiant hwn yn llewyrchus yn ystod ail hanner y bedwaredd ganrif ar bymtheg a byddai'n gwneud astudiaeth achos dda, i'w chyferbynnu â'r diwydiannau cynharach a nodwyd uchod.

- Roedd mwyngloddio am blwm ac arian yn hollbwysig yng nghanolbarth Cymru, er enghraifft ym mwynfeydd Cwmystwyth a Llywernog yng Ngheredigion a Dylife ym Mhowys. Cododd y cynnyrch yn Nylife o 22 tunnell o fwyn plwm yn 1809 i uchafbwynt o 2,571 tunnell yn 1862.

- Câi tunplat ei gynhyrchu yng Nghydweli ar ddechrau'r bedwaredd ganrif ar bymtheg oherwydd bod yno gyflenwad o lo yn lleol a digon o bŵer dŵr. Câi'r tun ei fewnforio o Gernyw. Ehangodd y diwydiant yn gyflym ar ôl 1834, ac yn ystod ail hanner y ganrif Prydain oedd prif ffynhonnell tunplat y byd. Yn ei anterth, yn 1891, roedd 20 o weithfeydd (119 melin) yn Sir

Gaerfyrddin (llawer ohonynt rhwng Llanelli ac Abertawe) a 51 o weithfeydd (277 melin) yn Sir Forgannwg.

- Ar ddechrau'r bedwaredd ganrif ar bymtheg, prif swyddogaeth cloddio am lo oedd cyflenwi'r diwydiannau mwyndoddi metel. Fodd bynnag, o'r 1820au ymlaen, cafodd marchnadoedd eraill y tu allan i Gymru eu datblygu a daeth yn ddiwydiant yn ei rinwedd ei hun. Rhwng 1850 ac 1950, y diwydiant glo oedd prif ddiwydiant Cymru. Mae'r pecyn *Bywyd Bob Dydd yng Nghymru yn yr 1890au* yn archwilio potensial y diwydiant glo fel pwnc i'w astudio mewn mwy o fanylder. Byddai astudio hanes maes glo Sir Benfro yn bwnc lleol cameo ar gyfer y bedwaredd ganrif ar bymtheg hefyd.
- Llewyrchodd y diwydiannau hanesyddol ategol – er enghraifft, y diwydiant gwlân, peirianneg a bwrw haearn, cloddio am gerrig, gwneud brics a theils a chynhyrchu cemegion – mewn ardaloedd gwahanol o Gymru yn ystod y bedwaredd ganrif ar bymtheg hefyd.

Tai a chartrefi

Mae'r cyferbyniad rhwng ffordd o fyw'r cyfoethog a'r dosbarthiadau gwaith yn cael ei adlewyrchu'n dda yn eu cartrefi. Er enghraifft, cododd y Meistri Copr cyfoethog blasau mawrion yn yr arddull Sioraidd ddiweddaraf, wedi'u cynllunio gan benseiri megis William Jernegan. Roedd sawl un o'r plasau, megis Parc Sgeti (eiddo Syr John Morris II), ac Abaty Singleton, Parc Wern a Chastell Clun (eiddo'r teulu Vivian), wedi'u lleoli i'r gorllewin o Abertawe, cyn belled ag yr oedd hi'n ymarferol bosibl oddi wrth fwg a llygredd eu gweithfeydd copr. Yr unig Feistri Copr i anadlu'r un aer â'u gweithwyr oedd y teulu Grenfell – cafodd Tŷ Maesteg ei godi gan Pascoe Grenfell nepell o Weithfeydd Copr Upper a Middle Bank yn 1831. Eto, plas bychan oedd hwn gan fod gan y teulu blas llawer mwy yn Taplow, Swydd Buckingham, yn ymyl ei weithfeydd copr eraill. Cododd llawer o'r diwydianwyr cyfoethog eraill blasau ysblennydd hefyd, megis Castell Cyfarthfa, Merthyr Tudful, cartref y teulu Crawshay, a Chastell Penrhyn, ger Bangor, a adeiladwyd gan y Pennantiaid o elw'r fasnach gaethweision a chwarel lechi enfawr y Penrhyn.

Adeiladodd nifer o ddiwydianwyr gartrefi ar gyfer eu gweithwyr hefyd ar ddechrau'r bedwaredd ganrif ar bymtheg. Yn Abertawe, roedd safon y tai yn Grenfelltown, Treforys a Threvivian yn dda o'u cymharu â thai eraill dosbarthiadau gwaith y cyfnod. Trigai gweithwyr amaethyddol mewn bythynnod llaith, diflas, ac nid oedd y tai a godwyd ar gyfer gweithwyr haearn Merthyr Tudful fawr gwell. Cawsant eu codi mor gyflym a rhad â phosibl yng nghymoedd cul de Cymru. Tywodfaen o chwareli

lleol oedd y prif ddefnydd adeiladu, ond roedd fel sbwng, gyda lleithder yn treiddio trwyddo'n hawdd. Dirywiodd y tai gwaethaf, fel y rhai yn ardal enwog China yn Georgetown, Merthyr, yn slymiau erchyll. Roedd y cyferbyniad rhwng dau ben y sbectrwm yn fawr.

Cludiant

Archwilir i sawl agwedd ar gludiant yn y pecyn hwn. Mae gan Gymru dreftadaeth forwrol gyfoethog, a châi hynny ei adlewyrchu ar ddechrau'r bedwaredd ganrif ar bymtheg. Roedd hi'n fwy hwylus yn aml i bobl deithio dros y môr na thros y tir, er gwaethaf y perygl o longddryll iad, ac roedd hi'n haws cludo nwyddau trymion, megis mwyn copr, ar long nag â cheffyl a chert. Roedd llongau hwylio (yn slwpiau, brigantinau, clipers ac ati), a gâi eu pweru gan y gwynt ac a oedd â hwyliau a rigin o fathau gwahanol, yn masnachu eu nwyddau ar hyd arfordir Cymru. Carient bob math o nwyddau, e.e. yn 1820, mewnforiwyd 50,929 tunnell o fwyn copr, 58,375 llathen o liain a 664,242 o lechi ar longau i Abertawe, ac allforiwyd 140,230 eitem o lestri pridd a 101 tunnell o gopr. Roedd amodau byw yn aml yn anodd i'r criw gan fod yn rhaid iddynt ddringo'r rigin ym mhob tywydd, goroesi ar ddognau gwael o fwyd a byw mewn lle cyfyng iawn. Cyfrannodd platiau copr Abertawe at hanes y llynges trwy lwyddiant y Llyngesydd Nelson ym Mrwydr Trafalgar yn 1805. Datblygodd adeiladu llongau yn ddiwydiant pwysig iawn hefyd yn ystod y bedwaredd ganrif ar bymtheg, a hynny mewn trefi arfordirol megis Aberteifi, Amlwch, Porthmadog a Phorthaethwy.

Ar y tir, cerdded o fan i fan a wnâi'r dosbarth canol a'r dosbarth gwaith, fel yn achos Daniel a'r Evansiaid yn mynd i'r gwaith a'r capel. Defnyddid certi a wagenni i gludo nwyddau trymion yn bell. Fodd bynnag, oherwydd bod wyneb y ffyrdd wedi'u gorchuddio â phentyrrau o gerrig mawr, roeddent yn wael iawn c1800. Byddai pobl gyfoethocach, e.e. twristiaid yn ymweld ag Abertawe, yn teithio mewn cerbydau neu goetsis. Rhedai coets bost bob dydd rhwng Bryste ac Abertawe. Roedd tramffordd newydd Ystumllwynarth ar gyfer teithwyr, a gâi ei thynnu gan geffyl, yn ddyfais newydd gyffrous yn y cyfnod hwn. Yn ystod ail chwarter y bedwaredd ganrif ar bymtheg, cafwyd gwelliannau o bwys i deithwyr ar y ffyrdd yng Nghymru. Aildrefnodd Thomas Telford, y peiriannydd enwog, y ffordd o Lundain i Gaergybi ac adeiladodd bontydd newydd; cododd bont Waterloo (c1815) ym Metws-y-coed, pont grog Conwy (1826) a phont grog Menai (1826), a chyflwynodd J. L. McAdam ddefnyddiau newydd ar gyfer adeiladu ffyrdd. Cymerodd llawer o gwmnïau tyrpeg at y gwaith o redeg y system ffyrdd yn ystod y cyfnod hwn, a chodwyd sawl tollborth a thollty i dalu am y gwaith.

Roedd symud nwyddau trymion o gwmpas mwynfeydd a gweithfeydd diwydiannol yn dal yn ddibynnol ar lafur corfforol, e.e. y bechgyn â'u berfâu, yr halwyr dan ddaear a'r menywod yn cario mwynau a glo mewn basgedi ar eu pennau. Fodd bynnag, fwyfwy yn y cyfnod hwn, roedd camlesi a thramffyrdd byrion yn cael eu hadeiladu dan ddaear ac ar yr wyneb er mwyn helpu i symud glo a mwynau yn fwy effeithlon. Roedd Camlas Abertawe, a adeiladwyd yn negawd olaf y ddeunawfed ganrif, yn galluogi i lwythi mawr o lo gael eu cario i'r gweithfeydd copr ar ysgraffau'n cael eu tynnu gan geffylau. Adeiladwyd camlesi eraill yn ystod yr un cyfnod, megis Camlas Llangollen, sydd heddiw'n Safle Treftadaeth y Byd, Traphont Ddŵr Pontcysyllte, a gwblhawyd yn 1805, a Chamlas Morgannwg, a agorwyd yn 1794 i gario mwyn haearn a glo o Ferthyr Tudful i ddociau Caerdydd.

Roedd afon Tawe, fel afon llanw, yn dramwyfa o bwys hefyd. Yn ystod y bedwaredd ganrif ar bymtheg, cafodd porthladdoedd arfordir Cymru eu gwella i dderbyn llongau mwy o faint.

Fodd bynnag, dyfodiad y rheilffyrdd (c1840 ymlaen) fu'n gyfrifol am chwyldroi'r system cludiant yn ystod y bedwaredd ganrif ar bymtheg. Cyfrannodd Cymru at y chwyldro hwn pan adeiladodd Richard Trevithick y locomotif ager cyntaf i redeg ar reiliau ar hyd tramffordd Gweithfeydd Haearn Penydarren ym Merthyr Tudful yn 1804.

Bwyd a ffermio

Er gwaethaf y rhyfel yn erbyn Ffrainc, roedd y cyfoethog yn dal i fwynhau eu ffordd foethus o fyw, gyda gwleddoedd ysblennydd a chyrsiau niferus yn cael eu cynnig ym mhob pryd. Byddai'r rhain yn cael eu gweini gan fyddin o weision. Byddai'r dosbarthiadau gwaith yn bodoli ar swm pitw o fwyd. Yn anaml y byddai'r ffermwyr bychain yn blasu'r menyn a'r cig ffres a gynhyrchent. Tatws, blawd ceirch mewn llymru a bara oedd bwyd y rhan fwyaf o weithwyr. Cawl neu lobsgows o gig moch wedi'i halltu a llysiau gardd oedd eu prif fwyd. Roedd y gweithwyr copr a drigai yn Grenfelltown, Abertawe yn ddigon ffodus i gael gerddi hirion i dyfu eu llysiau eu hunain. Er bod y dosbarthiadau canol ac uwch yn gallu mwynhau yfed te erbyn 1800-1810, seidr neu gwrw oedd diod y dosbarthiadau gwaith. Roedd dŵr yfed yn aml wedi'i lygru â charthion a sbwriel ac felly'n anniogel i'w yfed.

Gwaith

Rhygnu byw ar eu cyflogau pitw ar gyrion tlodi a wnâi'r rhan fwyaf o'r dosbarthiadau gwaith. Gallai afiechyd hirdymor neu farwolaeth sydyn daflu teulu i ganol tlodi dros nos. Roedd amaethyddiaeth yn dal yn gyflogwr o bwys. Byw o'r llaw i'r genau a wnâi ffermwyr bychain, gan ddibynnu'n llwyr ar y

tywydd. Yn ystod y cyfnod hwn, roedd landlordiaid mawr yn meddiannu tiroedd comin a thiroedd gwastraff, neu'n cau ucheldiroedd i mewn, gan yrru ffermwyr bychain a sgwatwyr o'u tiroedd a'u cartrefi. Cyflogau pitw iawn, a'u bwyd a'u llety, a gâi gweision a morynion ffermydd am weithio oriau maith, ac yn ystod y cyfnod hwn dechreuasant chwilio am borfeydd brasach, yn enwedig yn yr ardaloedd diwydiannol a oedd yn datblygu yng Nghymru.

Yn y cyswllt hwn, roedd y diwydiant copr yn cynhyrchu cyfoeth i'r Meistri Copr ac, yn ôl safonau'r cyfnod, gyflogau da i'r gweithwyr, yn enwedig y dynion ffwrnais a'r coethwyr medrus. Ystyrid hwy yn 'bendefigion' ymhlith y gweithwyr; roeddent yn trosglwyddo'u sgiliau i'w plant, ac yn bur anaml y byddent yn mynd ar streic yn erbyn eu cyflogwyr. Roedd y gwaith yn y ffwrneisi yn anodd oherwydd y gwres enfawr, ac yn beryglus oherwydd y copr tawdd, ond ni chafwyd unrhyw drychinebau neu ddamweiniau mawr tebyg i'r rhai a welwyd yn y diwydiant glo yn ystod ail hanner y bedwaredd ganrif ar bymtheg. Ar y raddfa gymdeithasol ddiwydiannol, ystyrid bod gweithwyr copr ar ricyn uwch na glowyr a gweithwyr haearn.

Gweithiai menywod, merched a bechgyn yn y gweithfeydd copr hefyd, ac fel llafurwyr di-grefft gweithient oriau maith iawn (14 awr i fechgyn ifanc) am gyflogau bychain. Er bod y Copar Ladis, a oedd yn torri mwyn copr yn ddarnau bach ar Fynydd Parys, yn gweithio dan amodau difrifol, roeddent yn cael gwell cyflogau na morynion fferm yn Sir Fôn. Fodd bynnag, disgwylid i'r menywod hefyd ysgwyddo'r holl waith tŷ trwm ar ôl gorffen gweithio am dâl. Yn raddol yn ystod Oes Victoria (1837-1901), cafodd menywod eu hymyleiddio o'r gweithle diwydiannol, ac mae hon yn un agwedd ar fywyd yn y bedwaredd ganrif ar bymtheg a dalai i'w hastudio a'i chyferbynnu'n fanylach.

Roedd gweithio yn y diwydiannau glo, plwm, arian a llechi yr un mor beryglus a chaled yn y cyfnod hwn. Roedd Deddf Mwynfeydd 1842 yn gwahardd cyflogi pob menyw a phob bachgen dan ddeg oed tan ddaear, ond parhaodd llawer ohonynt i weithio ar wyneb y gweithfeydd.

Roedd dosbarth canol llewyrchus yn datblygu mewn trefi fel Abertawe yn y cyfnod hwn hefyd, a hynny ym myd busnes ac argraffu, hwylio'r moroedd a'r crochendai. Dylid nodi hefyd nad oedd y Meistri Copr bonheddig yn segur. Roeddent yn entrepreneuriaid a sicrhaodd lwyddiant eu busnesau trwy eu crebwyll ym myd busnes.

Dillad

Aeth ffasiynau'r cyfoethog, p'run ai yn Llundain neu yn Abertawe, yn fwy anffurfiol rhwng 1795 ac 1820, gyda llai o wigiau, les a phowdr wyneb. Byddai ganddynt sawl gwisg wahanol ar gyfer achlysuron gwahanol: gwisgoedd ar gyfer boreau, cerdded, gyda'r nos ac ati. Ffafriai'r menywod edrych yn naturiol mewn gwisgoedd â gweisg uchel. Câi'r gwisgoedd hyn eu gwneud o ddefnyddiau ysgafnach, a oedd yn haws eu golchi, gan felly wella hylendid yn gyffredinol. Fodd bynnag, nid oedd nicers yn gyffredin yn y cyfnod hwn. Gwisgai menywod eu gwalltiau mewn tresi a chudynnau modrwyog hawdd, gyda hetiau neu fonedau del pan fentrent allan. I warchod eu gwisgoedd a'u hesgidiau rhag y mwd ar y ffyrdd, gwisgent batens (neu blatfformau) metel. Dewisai dynion wisgo cotiau a throwsusau wedi'u teilwra'n dda, esgidiau uchel, het uchel a chrafat, tebyg i wisg marchogaeth. Roedd George 'Beau' Brummell yn eicon y byd ffasiwn yng nghyfnod y Rhaglywiaeth.

Dim ond dau ddewis o ddillad oedd gan y bobl gyffredin: dillad gwaith a dillad parch neu ddillad dydd Sul. Seiliwyd y rhain ar wisg draddodiadol y werin: sgert, betgwn, pais, siôl a het fflat ar gyfer y menywod, a esblygodd yn 'Wisg Genedlaethol Cymru' yn ddiweddarach; a throwsus, crys, gwasgod a siaced ar gyfer y dynion. Câi'r dillad parch eu hailgylchu'n ddillad gwaith pan fyddent wedi treulio. Câi rhubanau eu rhoi yn anrhegion i addurno dillad plaen y menywod. Byddai menywod yn mynd yn droednoeth yn aml neu efallai'n gwisgo sanau wedi'u gwau ac esgidiau neu glocsiau i'r gwaith.

Fersiynau bach o ddillad eu rhieni fyddai plant tlawd a chyfoethog yn eu gwisgo fel ei gilydd. Dillad ail-law a gâi plant y dosbarth gwaith fynychaf.

Hamdden

Yn 1800-1810, roedd gan y dosbarthiadau uwch lawer mwy o amser hamdden a difyrion gwahanol na'r dosbarthiadau gwaith. Roedd dynion y dosbarth uwch yn dal i hela, saethu, marchogaeth a physgota, a daeth trefi sba fel Caerfaddon yn ganolfannau ar gyfer aelodau mwy ffasiynol y gymdeithas. Ceisiodd Abertawe ddatblygu'n ganolfan dwristiaeth yn ystod y cyfnod hwn hefyd, gyda theatrau newydd, rasio ceffylau, hwylio, ymdrochi, llyfrgelloedd ac ystafelloedd ymgynnull. Byddai'r dosbarth canol yn mwynhau'r cyfleusterau hyn hefyd. Ymddengys mai Saesneg oedd cyfrwng y gweithgareddau hamdden hyn. Ar y llaw arall, roedd y dosbarth gwaith, ar y cyfan, yn siarad Cymraeg yn y cyfnod hwn, ac er eu bod yn mwynhau gwylio'r rasys ceffylau, roeddent yn cymryd rhan, fel chwaraewyr a gwylwyr, mewn chwaraeon cymunedol gwyllt fel bando (math ar hoci), cnapan (math ar rygbi) a'r bêl ddu (math ar bêl-droed). Roedd reslo a rasys cerdded a rhedeg yn boblogaidd hefyd. Roedd ymladd ceiliogod a baetio moch daear a theirw yn parhau i raddau, ond cyn hir byddent yn cael eu gwahardd oherwydd eu creulondeb. Tra bod y dosbarthiadau uwch yn ffafrio cerddoriaeth glasurol, roedd y dosbarthiadau gwaith wrth eu bodd gyda'r delyn, canu baledi a dawnsio gwerin.

Dathliadau

Prin oedd cyfleoedd y dosbarth gwaith i ddathlu, ac eithrio adeg y Nadolig, y Pasg a'r cynhaeaf, ac mewn priodasau, angladdau a gwyliau mabsant. Byddent yn cymryd rhan yn y chwaraeon a ddisgrifiwyd uchod yn ystod y gwyliau blynyddol hyn a hefyd mewn arferion gwerin, megis y Fari Lwyd a hela'r dryw adeg y Nadolig, a'r gaseg fedi yn ystod y cynhaeaf ŷd. Byddai arferion megis 'y 'stafell' a gwaith 'y gwahoddwr' ar adeg priodasau yn dod â'r gymuned at ei gilydd i helpu i dalu costau'r pâr newydd. Dim ond gwaith angenrheidiol fel bwydo'r anifeiliaid a wnaed ar y Sul mewn llawer o gymdeithasau cyfrwng Cymraeg, a byddent yn mynychu'r capel deirgwaith y Sul, gydag ysgol Sul i bob oedran yn y prynhawn. Ar ddiwedd y ddeunawfed ganrif, adfywiwyd y traddodiad eisteddfodol a chyflwynodd Iolo Morganwg ei weledigaeth o Orsedd y Beirdd i'r Cymry. Erbyn diwedd y bedwaredd ganrif ar bymtheg, roedd y capeli anghydffurfiol ac eisteddfodau wedi dod yn ganolog i ddiwylliant y Cymry Cymraeg.

Byddai'r dosbarthiadau uwch a chanol wedi dathlu'r un gwyliau ond gyda mwy o rwysg a seremoni. Câi genedigaeth a phen-blwydd etifedd yn 21 oed eu dathlu'n arbennig, gan eu bod yn sicrhau parhad y llinach.

Ymdriniaeth â'r cwricwlwm

Llythrennedd a Rhifedd (yn seiliedig ar Fframwaith Llythrennedd a Rhifedd Cenedlaethol (FfLlRh) Llywodraeth Cymru, Dogfen wybodaeth rhif 120/2013)

Mewn ysgolion cynradd, yn ôl y FfLlRh:
'mae'n rhaid i gynllunio ar gyfer datblygu sgiliau llythrennedd a rhifedd fod yn **wirioneddol drawsgwricwlaidd** yn hytrach na chanolbwyntio ar wersi Cymraeg, Saesneg a mathemateg.'

Felly, mae gan Hanes (ac yn sgil hynny, y pecyn hwn) rôl adeiladol ac allweddol i'w chwarae yn cyflwyno'r FfLlRh yng Nghyfnod Allweddol 2. Nodir hefyd fod y fframwaith:
wedi'i rannu'n gydrannau ar gyfer llythrennedd a rhifedd, sydd yn eu tro wedi'u rhannu'n llinynnau.
- Y llinynnau llythrennedd yw: **llefaredd** ar draws y cwricwlwm, **darllen** ar draws y cwricwlwm ac **ysgrifennu** ar draws y cwricwlwm.

- Y llinynnau rhifedd yw: **datblygu ymresymu rhifyddol, defnyddio sgiliau rhif, defnyddio sgiliau mesur** a **defnyddio sgiliau data**.

Mae'r grid gweithgareddau dilynol awgrymedig yn dangos pa linynnau o'r FfLlRh y gellir eu haddysgu trwy gyfrwng pob gweithgaredd.

Gofynion Hanes yng Nghyfnod Allweddol 2

Mae astudio bywydau bob dydd pobl yn yr ardal leol yn y bedwaredd ganrif ar bymtheg yn bwnc gorfodol yng Nghyfnod Allweddol 2 o fewn y rhaglen astudio Hanes (Cwricwlwm 2008). Dylai athrawon ganolbwyntio ar ddatblygu gwybodaeth a dealltwriaeth disgyblion o fywyd bob dydd trwy ystyried themâu megis bwyd, dillad, cartrefi a chludiant.

> **Dylid rhoi cyfleoedd i'r disgyblion astudio**
> • newidiadau i fywydau bob dydd pobl yn yr ardal leol yn y bedwaredd ganrif ar bymtheg

O'r herwydd, mae'n hollbwysig sicrhau bod disgyblion yn cael cyfle i GYMHARU dau gyfnod yn y bedwaredd ganrif ar bymtheg, a gellid gwneud hynny trwy ddefnyddio'r pecyn hwn a'r pecyn *Bywyd Bob Dydd yng Nghymru yn yr 1890au*.

Mae Cwricwlwm 2008 yn canolbwyntio ar sgiliau ymholi. Mae gofyn i ddisgyblion ymgymryd ag ymchwiliadau hanesyddol, ac mae cwestiynau allweddol yn darparu'r strwythur angenrheidiol. Dylai disgyblion gael profiadau sy'n gwneud hanes **yn bleserus, yn ddiddorol** ac **yn arwyddocaol**. Gellir cyflawni hyn trwy:

Hyrwyddo ymchwiliadau hanesyddol dilys trwy:

- sefydlu beth mae disgyblion yn ei wybod eisoes a beth mae arnynt eisiau ei wybod, e.e. tynnu ar eu profiadau o ymweld ag amgueddfeydd ac arddangosfeydd lleol sy'n gysylltiedig â diwydiannau lleol;
- ffurfio ymholiadau trwy gyfrwng cwestiynau allweddol wedi'u cyd-drafod (y plant yn gofyn yn ogystal ag yn ateb cwestiynau);
- annog dadl;
- defnyddio amrywiaeth o ffynonellau hanesyddol;
- darparu cyfleoedd ar gyfer gwaith annibynnol, pâr a grŵp;
- defnyddio'r ardal leol; yn wir, mae'r pwnc hwn yn seiliedig ar astudio'r ardal leol;
- dyfeisio gweithgareddau 'dull-ditectif' megis 'gwrthrychau dirgel' a straeon am ddarganfyddiadau;

- cymell hunanadolygu ac adlewyrchu;
- modelu arfer dda o safbwynt meddwl hanesyddol, defnydd o iaith ac ymchwil.

Bydd ymchwiliadau o'r fath yn hyrwyddo sgiliau llythrennedd a rhifedd disgyblion.

Gwneud y pwnc yn berthnasol

- Amlygu'r rhesymau dros astudio'r newidiadau ym mywydau bob dydd pobl yn yr ardal leol yn y bedwaredd ganrif ar bymtheg, cyfnod o ddiwydiannu a newid enfawr, trwy dynnu sylw at ddatblygiadau, digwyddiadau a phobl leol arwyddocaol.
- Nodi'r gwaddol mewn bywyd bob dydd: y celfyddydau, diwylliant, enwau lleoedd a hamddena.
- Ystyried effaith diwydiant ar yr amgylchedd, e.e. dinistriodd y gweithfeydd copr blanhigion a gadael tirwedd ddiffaith; roedd yr awydd a'r brys i ddileu'r olion diwydiannol wedi amddifadu Abertawe o lawer o adeiladau hanesyddol a'i gorffennol unigryw.

Hyrwyddo dysgu synhwyraidd a chynnwys dulliau dysgu gwahanol

- Dysgwyr gweledol – archwilio a chynhyrchu paentiadau a phortreadau yn arddulliau'r cyfnod, ac astudio arteffactau o ddechrau'r bedwaredd ganrif ar bymtheg.
- Dysgwyr clybodol – trafod cerddoriaeth glasurol y cyfnod, e.e. Beethoven (1770-1827) a Mozart (1756-91); gwrando ar gerddoriaeth ac offerynnau gwerin Cymreig; cymryd rhan mewn dadleuon a thrafodaethau ar faterion allweddol a oedd yn effeithio ar fywyd bob dydd, e.e. llygredd o'r gweithfeydd copr.
- Dysgwyr cinesthetig – creu amgueddfa ddosbarth neu sioe ffasiwn; creu senarios chwarae rhan, megis gweithio mewn gwaith copr, pwll glo neu ar long hwyliau; creu llinell amser ryngweithiol.

Dysgu ar draws y cwricwlwm

Yng Nghwricwlwm 2008, disgwylir i athrawon hyrwyddo gwybodaeth a dealltwriaeth disgyblion o dreftadaeth a diwylliant Cymru (y Cwricwlwm Cymreig) a'u datblygiad personol cyffredinol.

Y Cwricwlwm Cymreig

Mae *Datblygu'r Cwricwlwm Cymreig* (ACCAC, 2003) yn amlinellu'r pum agwedd ar y Cwricwlwm Cymreig y mae angen i ysgolion eu hyrwyddo. Gall pob un o'r rhain gael eu hyrwyddo trwy astudiaeth hanesyddol o 1800-1810.

Agwedd	Manylion	Adnoddau
Diwylliannol	• Ystyried gweithiau arlunwyr brodorol ac ymwelwyr â'r wlad, e.e. yr arlunwyr a ganolbwyntiodd ar dirweddau diwydiannol Cymru a'i phobl, megis Thomas Rothwell, George O. Delmotte a James Harris (yr Hynaf) • Trafod datblygiad y theatr, chwaraeon ac ati yn y cyfnod hwn • Deall arwyddocâd twf anghydffurfiaeth – diwylliant y capel a'r ysgol Sul • Archwilio datblygiad ysgolion ac addysg • Archwilio'r traddodiad eisteddfodol, Iolo Morganwg a Gorsedd y Beirdd	S tt. 9, 10-11, 17 FfD tt. 10-11, 26-27, 28-29 G 14 CLI GWAITH CLI DILLAD
Economaidd	• Cymharu a chyferbynnu effaith economaidd gwahanol ddiwydiannau, megis mwyndoddi copr, cloddio am lo ac amaethyddiaeth, yng nghyd-destun y farchnad yng Nghymru a Phrydain ac yn fyd-eang • Archwilio effaith allfudo a mewnfudo, o un diwydiant i'r llall ac o ardaloedd gwledig i ardaloedd diwydiannol • Ystyried cyfraniad llongau hwyliau a chamlesi i'r system gludiant	S tt. 3, 4-5, 8, 13-16, 18 FfD tt. 6-7, 16-17, 28-33 G 5, 7, 8, 9, 13, 15, 17, 18, 22, 24 CLI GWAITH
Amgylcheddol	• Archwilio effaith mwyngloddio a mwyndoddi copr ar y dirwedd c1800-1810. Cymharu a chyferbynnu hyn ag effeithiau diwydiannau eraill, megis mwyngloddio am blwm ac arian a chloddio am lo. • Darganfod gwybodaeth am brojectau adfer tir a datblygiadau masnachol sydd wedi dileu hen dirweddau diwydiannol	S t. 5 FfD tt. 14-15, 30-33 G 7, 20, 21, 22
Hanesyddol	• Ymweld ag amgueddfeydd ac astudio ffynonellau hanesyddol, yn cynnwys arteffactau, paentiadau, mapiau a chynlluniau • Ystyried deongliadau o'r cyfnod, e.e. disgrifiadau ac agweddau twristiaid o'r tu allan i Gymru • Rhoi'r degawd 1800-1810 yn ei gyd-destun cronolegol; archwilio'r newidiadau rhwng y cyfnod hwn ac un cyfnod arall yn y bedwaredd ganrif ar bymtheg	FfD tt. 6-15, 30-33 G 1, 4, 6, 11, 12, 22, 24
Ieithyddol	• Bod yn ymwybodol o bwysigrwydd yr iaith Gymraeg ar ddechrau'r bedwaredd ganrif ar bymtheg a'r hyrwyddo fu ar addysg Saesneg ei chyfrwng • Darganfod mwy am gyfraniad baledwyr yn y cyfnod hwn	S tt. 10-11 CLI GWAITH

S – Stori; FfD – *Ffeithiau Diddorol i'r Disgybl*; G – Gweithgareddau; CLI – Cerdyn Lluniau

Tabl 3: Hyrwyddo'r Cwricwlwm Cymreig trwy astudio'r degawd 1800-1810

Addysg bersonol a chymdeithasol

Dylai'r adnoddau ddarparu cyfleoedd i athrawon hyrwyddo datblygiad personol a chymdeithasol disgyblion fel y nodir yn y ddogfen *Fframwaith addysg bersonol a chymdeithasol ar gyfer dysgwyr 7 i 19 oed yng Nghymru* (ACCAC, 2000). Er enghraifft, mae cyfleoedd i athrawon ddatblygu sgiliau gwrando, cwestiynu a meddwl yn feirniadol disgyblion. Gallant hefyd gymryd rhan mewn dadleuon a chynnig eu barn bersonol ar faterion perthnasol, megis y tensiynau economaidd ac amgylcheddol rhwng cefnogi diwydiant trwm a hyrwyddo twristiaeth.

Gellid trafod hyn yng nghyd-destun y dirwedd wledig heddiw a'r datblygiad dadleuol ar ffermydd gwynt.

Mae nifer o faterion sensitif yn gysylltiedig â'r degawd 1800-1810, a bydd angen i athrawon eu hystyried yn ofalus wrth gynllunio addysgu, yn unol â pholisïau ac ethos yr ysgol. Gallai disgyblion drafod y gwaith a wnâi plant, o oedran cynnar, mewn diwydiant trwm yn y cyfnod hwn, a sut newidiodd agweddau at waith o'r fath yn ystod hanner cyntaf y bedwaredd ganrif ar bymtheg. Gellid cyferbynnu hyn â thwf addysg elfennol yn ystod y bedwaredd ganrif ar bymtheg. Yn yr un modd, gellid trafod rôl menywod fel gweithwyr diwydiannol a gwragedd tŷ. Pan waharddodd y llywodraeth fenywod rhag gweithio dan ddaear yn yr 1840au, a'u cyfyngu i waith caled gartref yn eu tai, yn enwedig yng nghymdeithasau diwydiannol de-ddwyrain Cymru, a oedd hyn yn gam ymlaen o safbwynt hawliau menywod? Mae tlodi yn thema yn y pecyn hwn, a chan fod tlodi plant yn fater allweddol yng Nghymru heddiw, gyda thai gwael yn cael eu cysylltu â thlodi, gellid archwilio'r thema hon ymhellach ar sail yr adnoddau hyn. Agwedd arall y tynnir sylw ati yn y stori a'r llyfr ffeithiol, trwy drafodaeth ar beryglon mwyndoddi copr, yw materion iechyd a diogelwch, yn enwedig yn y gweithle. Mae angen i ddisgyblion fod yn ymwybodol o arwyddocâd y mater hwn heddiw ac yn y gorffennol.

Mae pwyntiau trafod posibl sy'n codi o'r stori yn cynnwys:

Archwilio teimladau ac agweddau
- Hiraeth a disgwyliadau Daniel wrth iddo ffarwelio â'i fam a'i gartref yn Sir Fôn i geisio gwell bywyd yn Abertawe (t. 3)
- Ofn ymosodiad gan wrecwyr oddi ar arfordir Gŵyr (t.3), ac ofn profiadau newydd, e.e. bwydydd newydd (tt. 4-5)
- Cyffro wrth gyrraedd Abertawe, gyda'i holl fwrlwm (tt. 4-5), a chyffro wrth fynychu ras geffylau (t. 9)
- Tosturi wrth amodau gwaith y bechgyn berfa, yr halwyr glo a'r cobwyr (tt. 4-5, 8-9, 14-15); wrth

Dad-cu a gafodd ei greithio yn y gweithfeydd copr (tt. 6-7)
- Gweithredu er lles eraill wrth i Hanna aberthu ei dyfodol i alluogi ei chwaer Sara i gael addysg (t. 8)
- Balchder – dymuniad a phenderfyniad Daniel i ddod yn weithiwr copr (tt. 14-18)
- Tristwch – ymddengys nad yw Daniel yn gymwys i fod yn weithiwr copr (tt. 14-18)
- Parch – at waith y gweithwyr copr (tt. 16-18)

Trafod materion dadleuol
- Y llygredd o'r mwynglawdd copr ar Fynydd Parys, Sir Fôn ac o'r gweithfeydd copr yn Abertawe (t. 5)

Trafod problemau
- Llafur plant – amodau gwaith bechgyn a merched ar longau hwyliau, yn y gweithfeydd copr ac yn y pyllau glo (tt. 4, 8, 14-15)
- Natur yr addysg cyfrwng Saesneg yn Ysgol Gweithfeydd Copr Cilfái (tt. 10-11)

Iechyd a diogelwch
- Peryglon yr amgylcheddau gwaith a ddisgrifir: ar fwrdd llong hwylio, yn y gweithfeydd copr, yn y pyllau glo (tt. 3-5, 6-7, 14-15)
- Peryglon teithio ar y môr oherwydd gwrecwyr ar hyd yr arfordir (t. 3) a'r tywydd
- Swyddogaeth goleudai (t. 4)
- Tai gweithwyr a llety ar gyfer lletywyr, fel Daniel, yn Grenfelltown (tt. 6-7)

Diwrnodau, amserau, gwrthrychau a lleoedd arbennig
- Rasio ceffylau fel adloniant (t. 9)
- Dyfeisiadau newydd megis goleudy'r Mwmbwls (t. 4) a thramffordd Ystumllwynarth (t. 12)
- Twf anghydffurfiaeth ac adeiladu capeli (t. 17)

Addysg ar gyfer Datblygu Cynaliadwy a Dinasyddiaeth Fyd-eang (ADCDF)
Mae prif gysyniadau ADCDF wedi'u nodi yng nghyhoeddiad ACCAC, *Datblygiad Cynaliadwy a Dinasyddiaeth Fyd-eang* (2002). Dangosir y rhain yn y tabl canlynol:

Prif gysyniadau	Pwyntiau trafod posibl
Cyd-ddibyniaeth Deall y cysylltiad annatod sydd rhwng pobl, yr amgylchedd a'r economi ar bob lefel o'r lefel leol i'r lefel fyd-eang.	• Cysylltiadau masnach, o ganlyniad i'r diwydiant copr, rhwng Abertawe, Sir Fôn a Chernyw a rhannau eraill o Brydain • Cludiant a chyfathrebu: cysylltiadau masnach rhwng porthladdoedd ledled Prydain a thu hwnt oherwydd llongau hwyliau, a chamlesi yn cysylltu pentrefi a threfi

Dinasyddiaeth a stiwardiaeth Cydnabod pwysigrwydd cymryd cyfrifoldeb a chamau gweithredu unigol er mwyn gwneud y byd yn lle gwell.	• Cymryd cyfrifoldeb am waddolion diwydiannu. Daeth Cwmtawe Isaf i fod yn amgylchedd mwyaf llygredig Ewrop – beth ddylid ei wneud am hyn?
Anghenion a hawliau Deall ein hanghenion sylfaenol ni ein hunain ac am hawliau dynol a goblygiadau gweithredoedd heddiw i anghenion cenedlaethau'r dyfodol.	• Anghenion sylfaenol (a disgwyliadau) yng nghyd-destun bywyd yn 1800-1810 o bersbectifau gwahanol, e.e. y Meistri Copr, y gweithwyr copr, y glowyr • Gellir trafod hawliau menywod yn 1800-1810; natur eu gwaith cyflogedig corfforol, cyfrifoldebau teuluol a disgwyliadau gwaith tŷ • Gellir trafod hawl plant i addysg ac nid i'w hecsbloetio trwy waith corfforol caled
Amrywiaeth Deall, parchu a gwerthfawrogi amrywiaeth dynol – o safbwynt diwylliannol, cymdeithasol ac economaidd – a bioamrywiaeth.	• Diffyg parch at yr iaith Gymraeg mewn addysg ar ddechrau'r bedwaredd ganrif ar bymtheg a goblygiadau hynny i addysg a'r iaith Gymraeg • Agwedd Meistri Copr Abertawe tuag at eu gweithwyr, yn enwedig eu gweithwyr allweddol – yn darparu cyflogau, tai ac ysgolion cymharol dda ar eu cyfer
Newid cynaliadwy Deall bod adnoddau'n gyfyngedig a bod hyn yn dwyn goblygiadau i ffyrdd pobl o fyw ac i fasnach a diwydiant.	• Deall bod y cyflenwad o fwyn copr o fwyngloddiau Mynydd Parys, Amlwch yn gyfyngedig. Deall goblygiadau hyn i'r gweithwyr yn Sir Fôn a sut yr arweiniodd at ehangu cysylltiadau masnach Abertawe â Chernyw, a Chile yn ddiweddarach, yn ystod y bedwaredd ganrif ar bymtheg.
Ansawdd bywyd Cydnabod bod tegwch a chyfiawnder byd-eang yn elfennau hanfodol o gynaliadwyedd a bod yn rhaid i anghenion sylfaenol gael eu diwallu'n fyd-eang.	• Dylid archwilio a thrafod y defnydd o freichledi copr, a gysylltir â gweithfeydd copr Sir Fôn, Treffynnon ac Abertawe, i fasnachu am gaethweision yn Affrica, a'r modd yr ariannodd y fasnach hon y diwydiant copr yn Sir Fôn ac Abertawe. A ddylid trin pobl fel adnoddau i'w prynu a'u gwerthu? Sut mae hyn yn effeithio ar urddas pobl? A yw rhyddid yn hawl dynol sylfaenol?
Ansicrwydd a rhagofal Cydnabod bod ystod o ddulliau posib ar gyfer mynd ar drywydd cynaliadwyedd a dinasyddiaeth fyd-eang a bod sefyllfaoedd yn newid yn gyson, gan nodi angen am hyblygrwydd a dysgu gydol oes.	• Cymharu ffynonellau egni ar ddechrau'r bedwaredd ganrif ar bymtheg – gwynt (llongau hwylio), mawn (tai gwledig) a glo (pweru ffwrneisi copr) – â heddiw. Archwilio'u cryfderau/gwendidau a'u cynaliadwyedd.
Gwerthoedd a chanfyddiadau Datblygu gwerthusiad beirniadol o ddelweddau o, a gwybodaeth am rannau o'r byd sy'n fwy ac yn llai datblygedig yn economaidd; a dealltwriaeth am yr effaith y mae'r rhain yn eu cael ar agweddau a gwerthoedd pobl.	• Dylai amgyffrediad teithwyr ar ddechrau'r bedwaredd ganrif ar bymtheg fod y Cymry yn 'gyntefig' ac 'anwybodus' arwain at drafodaeth ynglŷn â pham yr oedd y fath amgyffrediad yn bodoli, sut y cafodd ei herio a sut y mae wedi newid • Mae amodau byw a gweithio llawer o weithwyr ar ddechrau'r bedwaredd ganrif ar bymtheg wedi'u cymharu â rhai'r Trydydd Byd heddiw, sy'n adlewyrchu'r amgyffrediad hwn. Pa mor gywir yw hyn a pha mor niweidiol yw'r amgyffrediad i wledydd y Trydydd Byd?
Datrys gwrthdaro Deall sut y mae achosion o wrthdaro'n rhwystr i ddatblygu ac yn risg i ni i gyd a pham fod angen eu datrys a hybu cytgord.	• Yn ystod y degawd 1800-1810, roedd Prydain yn rhyfela yn erbyn Ffrainc yn Rhyfel Napoleon. Ystyriwch a yw'r agwedd hon yn cael ei harchwilio o gwbl yn y stori, ac os nad yw, pam hynny? Tybed a yw'n awgrymu nad oedd y rhyfel wedi cael llawer o effaith ar fywydau gwaith cyffredin pobl Abertawe ar y pryd?

Tabl 4: Cyfleoedd i hyrwyddo ADCDF

Asesu

Yn ystod y blynyddoedd diwethaf, mae Asesu ar gyfer Dysgu wedi cael ei hyrwyddo mewn ysgolion. Mae Asesu ar gyfer Dysgu yn golygu defnyddio asesu yn yr ystafell ddosbarth i godi cyflawniad disgyblion. Mae'n seiliedig ar y syniad y bydd disgyblion yn gwella'n fwy boddhaol os byddant yn deall nod eu dysgu, ble maent ar hyn o bryd mewn perthynas â'r nod hwn, a sut y gallant gyflawni'r nod (neu gau'r bwlch yn eu gwybodaeth). (Gweler Gweithgareddau 2 a 25 yn benodol.)

Mae Asesu ar gyfer Dysgu effeithiol yn cynnwys pedair prif elfen:
- rhannu amcanion dysgu trwy ddefnyddio cwestiynau allweddol mewn gweithgareddau fel 'pwyntiau angor' a meini prawf llwyddiant gyda disgyblion;
- defnyddio amrywiaeth o gwestiynau effeithiol;
- darparu adborth sy'n helpu disgyblion i weld sut i wella;
- cefnogi hunanasesu ac asesu cyfoedion fel y gall disgyblion arolygu'u cynnydd a gosod targedau er mwyn gwella. Er enghraifft, 'Dw i'n dda am/gallwn wella trwy …' (gofyn cwestiynau, cofio straeon, darllen ffynonellau, defnyddio'r cyfrifiadur i ddarganfod pethau, rhoi lluniau yn y drefn gywir, cyflwyno fy ngwaith ac ati).

Mae **cwestiynu** yn ganolog i addysgu a dysgu Hanes da. Lluniwyd y gweithgareddau gyda chwestiynau allweddol mewn golwg, ac anogir disgyblion i wneud eu gwaith ymchwil eu hunain lle bo'n bosibl. Yng Nghyfnod Allweddol 2, dylai hyn ganolbwyntio ar brofiadau bob dydd. Mae'n amlwg y bydd angen i athrawon drafod rhinweddau cwestiynau neilltuol â disgyblion, a'u harwain i ddeall bod cwestiynau mawr sy'n agor trafodaeth yn gallu cael eu cymhwyso i astudio pobloedd eraill. Dylai cwestiynau ganolbwyntio ar syniadau a sgiliau hanesyddol sylfaenol:

Syniad neu sgìl hanesyddol	Cwestiynau
Cronoleg Gwybodaeth a dealltwriaeth o bobl, digwyddiadau a datblygiadau arwyddocaol Deongliadau Ymholi	• Pa newidiadau pwysig ddigwyddodd yn 1800-1810; yn y bedwaredd ganrif ar bymtheg? • Pam y datblygodd y diwydiant copr yn Abertawe? • Pwy ddatblygodd y diwydiant copr a phwy oedd yn gweithio iddyn nhw? • Sut newidiodd bywyd bob dydd rhwng c1800-1810 a degawd arall yn y bedwaredd ganrif ar bymtheg (e.e. yr 1890au)? • Sut mae bywyd yn 1800-1810 wedi'i gyflwyno i ni heddiw? • Sut mae hyn yn wahanol i ddegawd diweddarach yn y ganrif, e.e. yr 1890au? • Sut ydyn ni'n gwybod am fywyd yn 1800-1810?
Trefnu a chyfathrebu	• Beth ydw i'n ei wybod eisoes? • Sut alla i ddweud wrth eraill am fy ngwaith?

Gweithgareddau dilynol awgrymedig

Ar y taflenni dilynol, mae nifer o'r gweithgareddau a awgrymir yn ymwneud ag un cwestiwn allweddol. Gall athrawon benderfynu faint o amser i'w neilltuo ar gyfer y gwaith hwn a pha weithgareddau sy'n gweddu orau i anghenion unigolion. Mae cysylltiadau trawsgwricwlaidd cryf i lawer o'r gweithgareddau; er enghraifft, Daearyddiaeth (defnyddio mapiau) a Mathemateg (trin data). Osgowyd dull taflenni gwaith yn y pecyn hwn oherwydd bod y pwyslais yng Nghwricwlwm 2008 ar ddisgyblion yn trafod, meddwl, cwestiynu ac ymchwilio mewn gwersi Hanes. Wrth reswm, mae angen i ddisgyblion gofnodi'u darganfyddiadau hefyd, ond gellir cyflawni hyn mewn sawl ffordd, yn cynnwys y defnydd o TGCh, cyflwyniadau llafar a fframiau ysgrifennu. Mae egwyddorion y cyhoeddiadau canlynol: *Pam y mae angen datblygu meddwl ac asesu ar gyfer dysgu yn yr ystafell ddosbarth?* a *Sut i ddatblygu meddwl ac asesu ar gyfer dysgu yn yr ystafell ddosbarth*, Llywodraeth Cynulliad Cymru (diwygiwyd 2010), wedi bod yn sail i'r gweithgareddau hyn a'r gweithgareddau ar y Cardiau Lluniau.

	Gweithgaredd	Sylwadau	Ffocws Hanesyddol	Fframwaith Llythrennedd a Rhifedd
1	Pryd oedd 1800-1810?	Gosod y degawd hwn yn ei gyd-destun hanesyddol a deall cronoleg.	Cronoleg	**Llythrennedd:** Ysgrifennu – Trefnu syniadau a gwybodaeth **Rhifedd:** Datblygu ymresymu rhifyddol Defnyddio sgiliau rhif
2	Beth ydych chi'n ei wybod yn barod am y degawd rhwng 1800 ac 1810?	Ymarfer GESD. Gellir addasu mapiau meddwl ar gyfer pa gyfnod(au) bynnag yr ydych yn ei astudio yn y bedwaredd ganrif ar bymtheg. Gellid creu mapiau meddwl cyffelyb ar gyfer cyfnod arall yn y ganrif, a thrwy hynny hyrwyddo dealltwriaeth o newid a pharhad rhwng y ddau gyfnod.	Gwybodaeth a dealltwriaeth	**Llythrennedd:** Darllen – Strategaethau darllen Ysgrifennu – Trefnu syniadau a gwybodaeth
3	Beth ydyn ni'n ei ddysgu am wythnos Daniel?	Dehongliad uniongyrchol yw hwn o destun y stori i godi ymwybyddiaeth o gronoleg. Trwy amrywio'r dull, gellir archwilio deongliadau gwahanol.	Cronoleg Dehongli	**Llythrennedd:** Darllen – Strategaethau darllen Ysgrifennu – Ysgrifennu'n gywir
4	Sut ydyn ni'n gwybod am y degawd rhwng 1800 ac 1810?	Tynnu sylw at yr amrywiaeth o ffynonellau hanesyddol sydd ar gael ar gyfer y cyfnod hwn, a'r gwahaniaeth rhwng ffynonellau gwreiddiol ac eilaidd. Gellir cymharu'r rhain â'r ffynonellau toreithiog sydd ar gael ar gyfer cyfnod diweddarach yn y bedwaredd ganrif ar bymtheg (e.e. yr 1890au).	Ymholi Cronoleg	**Llythrennedd:** Darllen – Ymateb a dadansoddi Ysgrifennu – Strwythur a threfn iaith
5	Pa fath o gartrefi oedd gan weithwyr gwledig tua 1800-1810?	Gall disgyblion chwilio'u hardaloedd lleol am enghreifftiau o dai unnos coll o'r cyfnod hwn. Dylid eu cynorthwyo i ddeall tlodi trefol a gwledig.	Gwybodaeth a dealltwriaeth Dehongli	**Llythrennedd:** Darllen – Darllen a deall Ymateb a dadansoddi
6	Beth allwn ni ei ddarganfod am y gwrthrych dirgel hwn?	Mae'r gweithgaredd hwn yn amlygu natur ddeongliadol gwaith swyddog mewn amgueddfa. Byddai ymweld ag amgueddfeydd lleol yn canolbwyntio'r sylw ar enghreifftiau lleol.	Ymholi	**Llythrennedd:** Llefaredd – Cydweithio a thrafod Darllen – Darllen a deall
7	Beth allwn ni ei ddysgu am y metelau a oedd yn cael eu mwyngloddio a'u cynhyrchu yng Nghymru yn y bedwaredd ganrif ar bymtheg?	Ymchwil i bwysigrwydd y diwydiannau anfferrus yng Nghymru yn y bedwaredd ganrif ar bymtheg, ac eithrio'r diwydiannau haearn a glo. Dylid teilwra'r ymchwil, lle gellir, i ardal leol y disgyblion.	Ymholi Trefnu a chyfathrebu	**Llythrennedd:** Llefaredd – Siarad a gwrando Ysgrifennu – Strwythur a threfn iaith

8	Pa fath o waith oedden nhw'n ei wneud rhwng 1800 ac 1810?	Dylai disgyblion ystyried pa rai o'r swyddi hyn oedd yn dal yn berthnasol yn eu hastudiaeth gymharol o gyfnod arall o'r bedwaredd ganrif ar bymtheg, e.e. yr 1890au.	Gwybodaeth a dealltwriaeth Trefnu a chyfathrebu	**Llythrennedd:** Darllen – Ymateb a dadansoddi
9	Sut brofiad oedd teithio ar y môr ar ddechrau'r bedwaredd ganrif ar bymtheg?	Dylai'r gweithgaredd hwn dynnu sylw at hanes morwrol cyfoethog Cymru a sut i'w ymchwilio. Mae'r cyflwyniad yn caniatáu i ddisgyblion ddefnyddio drama i gyfathrebu eu darganfyddiadau.	Ymholi Trefnu a chyfathrebu	**Llythrennedd:** Llefaredd – Siarad a gwrando Ysgrifennu – Strwythur a threfn iaith
10	Pwy oedd rhai o'r bobl enwog yn 1800-1810?	Bydd yr ymchwil hwn yn gosod 1800-1810 yn ei gyd-destun hanesyddol. Gellid trafod cwestiynau megis y cyfraddau o ddynion a menywod ac a yw disgyblion yn credu bod y bobl hyn yn cael eu hadnabod a'u cydnabod yn ddigonol heddiw am eu cyfraniadau.	Gwybodaeth a dealltwriaeth Trefnu a chyfathrebu	**Llythrennedd:** Llefaredd – Cydweithio a thrafod Siarad Ysgrifennu – Strwythur a threfn iaith
11	Ai ffaith neu farn ydi hon?	Mae hwn yn ymarfer heriol – mae'n bwysig gallu gwahaniaethu rhwng ffaith a barn ym mhob agwedd ar fywyd.	Deongliadau Trefnu a chyfathrebu	**Llythrennedd:** Darllen – Darllen a deall Ymateb a dadansoddi
12	Sut allwn ni ddefnyddio cyfrifiad 1801?	Dylid cyflwyno'r cyfrifiad i'r disgyblion fel ffynhonnell hanesyddol, a'u hannog i ddadansoddi ei gryfderau a'i wendidau. Gallai hyn arwain at astudiaeth gymharol o ffurflenni'r cyfrifiad mewn degawd arall yn y bedwaredd ganrif ar bymtheg (e.e. yr 1890au).	Ymholi	**Llythrennedd:** Darllen a deall **Rhifedd:** Defnyddio sgiliau data
13	Beth ddigwyddodd i boblogaeth y Deyrnas Unedig yn y bedwaredd ganrif ar bymtheg?	Mae'r gweithgaredd hwn yn caniatáu i ddisgyblion gymharu cyfnodau gwahanol yn y bedwaredd ganrif ar bymtheg. Gallent ymchwilio i'r ffigurau ar gyfer eu hardaloedd eu hunain a'u cymharu â'r rhai a geir yma.	Ymholi Gwybodaeth a dealltwriaeth	**Llythrennedd:** Ysgrifennu – Trefnu syniadau a gwybodaeth **Rhifedd:** Defnyddio sgiliau rhif Defnyddio sgiliau data
14	Pam yr oedd rhai difyrion amser hamdden dan fygythiad yn hanner cyntaf y bedwaredd ganrif ar bymtheg?	Mae hwn yn caniatáu i ddisgyblion gymharu a chyferbynnu'r cyfnod cynnar hwn yn y bedwaredd ganrif ar bymtheg â chyfnod diweddarach pan oedd gafael y capeli hyd yn oed yn dynnach, a chanu a dawnsio gwerin fwy neu lai wedi diflannu.	Gwybodaeth a dealltwriaeth	**Llythrennedd:** Darllen – Ymateb a dadansoddi **Rhifedd:** Defnyddio sgiliau data
15	Pa fath o gludiant oedd ganddyn nhw tua 1800-1810?	Gall disgyblion gymharu Oes y Camlesi ag Oes y Rheilffyrdd mewn cyfnod diweddarach yn y bedwaredd ganrif ar bymtheg. Dylid eu hannog hefyd i astudio eu system gamlesi leol os yn bosibl.	Ymholi Gwybodaeth a dealltwriaeth	**Llythrennedd:** Llefaredd – Cydweithio a thrafod **Rhifedd:** Defnyddio sgiliau data Defnyddio sgiliau mesur

16	Beth oedd y gwahaniaethau rhwng bywydau menywod y dosbarth canol a menywod y dosbarth gwaith yn 1800-1810?	Mae'r gweithgaredd hwn yn canolbwyntio ar y gwahaniaethau rhwng y dosbarth canol a'r dosbarth gwaith yn y cyfnod hwn. Gallent chwilio yn eu hamgueddfeydd lleol am enghreifftiau eraill o wisgoedd ac esgidiau o'r degawd hwn.	Ymholi	**Llythrennedd:** Ysgrifennu – Strwythur a threfn iaith
17	Pa beryglon oedd yn wynebu gweithwyr diwydiannol yn eu gwaith yn 1800-1810?	Bydd y gweithgaredd hwn yn sicrhau cymhariaeth wrth drafod cyfnod diweddarach yn y bedwaredd ganrif ar bymtheg (e.e. yr 1890au). Mae hwn hefyd yn fater o bwys mewn mwyngloddiau (a safleoedd gwaith eraill) heddiw.	Gwybodaeth a dealltwriaeth	**Llythrennedd:** Ysgrifennu – Ysgrifennu'n gywir Strwythur a threfn iaith
18	Sut oedd gweithwyr yn cael eu talu yn 1800-1810?	Mae'r cwestiwn hwn yn caniatáu i ddisgyblion ymchwilio i'r system o dalu gydag arian tryc ar ddechrau'r bedwaredd ganrif ar bymtheg. Gallent hefyd chwilio am eu henghreifftiau lleol eu hunain o'r arfer hwn.	Gwybodaeth a dealltwriaeth	**Llythrennedd:** Darllen – Ymateb a dadansoddi Llefaredd – Cydweithio a thrafod **Rhifedd:** Defnyddio sgiliau rhif
19	Beth sydd mewn enw?	Mae'r gweithgaredd hwn yn dangos dylanwad crefydd, yn arbennig anghydffurfiaeth, ar Gymru'r bedwaredd ganrif ar bymtheg. Dylai disgyblion chwilio am enghreifftiau lleol o enwau lleoedd sy'n adlewyrchu'r chwyldro diwydiannol.	Ymholi Gwybodaeth a dealltwriaeth	**Llythrennedd:** Llefaredd – Cydweithio a thrafod **Rhifedd:** Defnyddio sgiliau rhif
20	Sut oedd pobl yn teimlo am y llygredd o'r gweithfeydd copr?	Mae hwn yn dal yn fater dadleuol iawn heddiw a dylid annog disgyblion i archwilio'u hardaloedd lleol am enghreifftiau perthnasol.	Deongliadau Ymholi	**Llythrennedd:** Darllen – Darllen a deall Ysgrifennu – Strwythur a threfn iaith
21	A ddylai hen adeiladau gael eu cadw ar gyfer y dyfodol?	Gall disgyblion addasu'r gweithgaredd hwn ar gyfer adeilad yn eu hardal leol, neu gymharu un o'r tai hyn â thŷ o gyfnod diweddarach yn y bedwaredd ganrif ar bymtheg. Mae angen iddynt gwestiynu'r syniad fod yn rhaid cadw adeilad neu safle dim ond am ei fod yn hen. Dylai hyn gynnwys trafodaeth ar gynaliadwyedd.	Ymholi Gwybodaeth a dealltwriaeth	**Llythrennedd:** Darllen – Ymateb a dadansoddi Ysgrifennu – Ysgrifennu'n gywir Strwythur a threfn iaith **Rhifedd:** Defnyddio sgiliau data
22	Sut allwn ni ddathlu'n treftadaeth ddiwydiannol?	Mae'r gweithgaredd hwn yn dangos pwysigrwydd dathlu'n treftadaeth ddiwydiannol. Trwy ei addasu i'w hardal leol, gall helpu i dynnu sylw at natur amrywiol gorffennol diwydiannol Cymru.	Dehongli Trefnu a chyfathrebu	**Llythrennedd:** Llefaredd – Cydweithio a thrafod Ysgrifennu – Strwythur a threfn iaith

23	Sut allwn ni wneud gêm fwrdd am 1800-1810?	Mae creu gêm yn caniatáu i ddisgyblion ymchwilio i'r pwnc ymhellach a phenderfynu sut i gyflwyno'u darganfyddiadau i eraill mewn ffordd ddiddorol.	Trefnu a chyfathrebu	**Llythrennedd:** Ysgrifennu – Strwythur a threfn iaith Llefaredd – Siarad **Rhifedd:** Defnyddio sgiliau data
24	Pa newidiadau mawr ddigwyddodd yng Nghymru yn ystod y bedwaredd ganrif ar bymtheg?	Mae'r gweithgaredd hwn yn ymwneud â gofynion y rhaglen astudio Hanes ac yn annog disgyblion i ymchwilio i'r newidiadau a ddigwyddodd yng Nghymru yn ystod y bedwaredd ganrif ar bymtheg.	Ymholi	**Llythrennedd:** Darllen – Darllen a deall Ysgrifennu – Strwythur a threfn iaith
25	Sut ydych chi'n dod yn eich blaen?	Mae hunanwerthuso a gwerthuso cyfoedion yn elfennau pwysig o'r hyn mae haneswyr yn ei wneud.	Ymholi	**Llythrennedd:** Ysgrifennu – Strwythur a threfn iaith

Pryd oedd 1800-1810?

Gwnewch linell amser i ddangos pryd oedd y degawd rhwng 1800 ac 1810 mewn hanes.

- **Llinell amser 1**

  Dyma rai o'r prif gyfnodau yn hanes Cymru:

Y Tuduriaid	**Y Rhufeiniaid**	**Yr Ail Ryfel Byd**
Yr Oes Haearn (y Celtiaid)	**Oes y Tywysogion**	**Oes Victoria**
Y Rhyfel Byd Cyntaf	**Y Stiwartiaid**	

  Mewn parau, ceisiwch eu rhoi yn y drefn gywir ar y llinell amser hon:

  Yr Oes Haearn (Celtiaid) ———— 1800 —— 1890 ———— 21ain Ganrif

- **Llinell amser 2**

  Roedd y bedwaredd ganrif ar bymtheg (1800-1899) yn gyfnod o newidiadau enfawr yn hanes Cymru. Ceisiwch lunio llinell amser ar gyfer y ganrif hon. Cofiwch gynnwys dyddiadau pwysig o'ch ymchwil i'ch ardal leol. Gallwch wneud llinell amser 'lein ddillad' gyda chortyn, pegiau a chardiau, gan lunio lluniau a labeli ar gyfer pob dyddiad.

  Dyma rai dyddiadau allweddol yr hoffech eu cynnwys efallai:

  - 1800au: Abertawe'n datblygu'n ganolfan byd ar gyfer y diwydiant copr
  - 1801: Iwerddon yn ymuno â Chymru, yr Alban a Lloegr yn y Deyrnas Unedig
  - 1805: Brwydr Trafalgar – yr Arglwydd Nelson yn cael ei ladd
  - 1831: Terfysgoedd ym Merthyr Tudful – Dic Penderyn yn cael ei grogi
  - 1832 (ac eto yn 1867 ac 1884): Mwy o ddynion yn ennill yr hawl i bleidleisio
  - 1837: Dechrau Oes Victoria
  - 1839-1844: Terfysgoedd Beca
  - 1847: Y Comisiwn Brenhinol yn edrych ar gyflwr addysg yng Nghymru
  - 1850au: Cloddio am lo yn datblygu yng Nghwm Rhondda a chymoedd y de-ddwyrain
  - 1894: 290 o ddynion yn cael eu lladd yn namwain Pwll Glo'r Albion, Cilfynydd
  - 1901: Diwedd Oes Victoria

Beth ydych chi'n ei wybod yn barod am y degawd rhwng 1800 ac 1810?

Cyn i chi ddechrau ar unrhyw ymchwiliad hanesyddol, mae'n syniad da rhestru beth rydych chi'n ei wybod am y pwnc yn barod.

Beth ydych chi'n ei wybod yn barod am y degawd rhwng 1800 ac 1810 yng Nghymru? Os ydych chi'n cael anhawster cofio, meddyliwch am y rhain:

CARTREFI   BWYD   CLUDIANT   GWAITH   DILLAD   HAMDDEN   DATHLIADAU

Gallwch arddangos eich syniadau trwy lunio mapiau meddwl, tebyg i hwn, yn seiliedig ar bob pwnc:

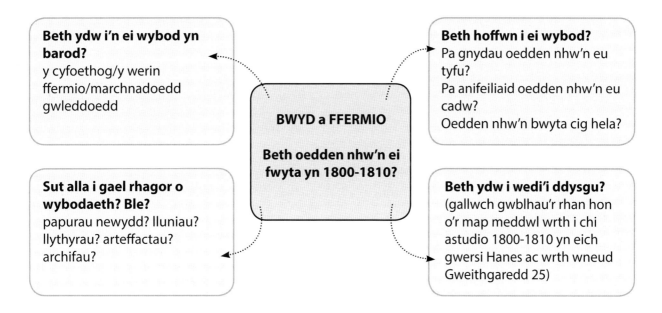

Beth ydw i'n ei wybod yn barod?
y cyfoethog/y werin
ffermio/marchnadoedd
gwleddoedd

Beth hoffwn i ei wybod?
Pa gnydau oedden nhw'n eu tyfu?
Pa anifeiliaid oedden nhw'n eu cadw?
Oedden nhw'n bwyta cig hela?

BWYD a FFERMIO

Beth oedden nhw'n ei fwyta yn 1800-1810?

Sut alla i gael rhagor o wybodaeth? Ble?
papurau newydd? lluniau?
llythyrau? arteffactau?
archifau?

Beth ydw i wedi'i ddysgu?
(gallwch gwblhau'r rhan hon o'r map meddwl wrth i chi astudio 1800-1810 yn eich gwersi Hanes ac wrth wneud Gweithgaredd 25)

Nawr, mewn parau neu grwpiau bach, paratowch fapiau meddwl yn seiliedig ar y themâu a'r cwestiynau hyn:

Cartrefi	Ble oedden nhw'n byw yn 1800-1810?
Cludiant	Sut oedden nhw'n cludo pobl a nwyddau yn 1800-1810?
Dillad	Beth oedden nhw'n ei wisgo yn 1800-1810?
Gwaith	Pa waith oedden nhw'n ei wneud yn 1800-1810?
Hamdden	Beth oedden nhw'n ei wneud yn eu hamser hamdden yn 1800-1810?
Dathliadau	Sut oedden nhw'n dathlu yn 1800-1810? Pryd?

Cymharwch y mapiau meddwl hyn â mapiau meddwl o gyfnod arall yn y bedwaredd ganrif ar bymtheg, e.e. yr 1890au (edrychwch ar y pecyn *Bywyd Bob Dydd yng Nghymru yn yr 1890au*).

Gweithgaredd 3

> **Beth ydyn ni'n ei ddysgu am wythnos Daniel?**

Yn y stori *Wythnos ym Mywyd Daniel*, rydyn ni'n dilyn bywyd Daniel o ddydd i ddydd wrth iddo deithio o Sir Fôn i Abertawe i chwilio am waith yn y diwydiant copr llewyrchus.

- Darllenwch y stori yn ofalus ac ysgrifennwch ddwy neu dair brawddeg i ddisgrifio beth wnaeth Daniel bob dydd. Gallwch eu hysgrifennu naill ai fel dyddiadur Daniel neu fel adroddiad, e.e.:

  NAILL AI: Mi weithies i'n galed heddiw, yn sgrwbio dec y *Parys*. Mae Capten Roberts yn gapten llym ond yn llongwr da. Dw i'n teimlo'n gyffrous iawn …

  NEU: Gweithiodd Daniel yn galed heddiw, yn sgrwbio dec y *Parys*. Mae Capten Roberts yn gapten llym ond yn llongwr da. Roedd Daniel yn teimlo'n gyffrous iawn.

- Pan fyddwch wedi gorffen, gallwch gymharu'ch fersiwn chi â fersiynau eraill o'r stori yn y dosbarth. Ydyn nhw'n debyg neu'n wahanol? Pam?

1 DYDD LLUN	
2	
3	
4	
5	
6	
7 DYDD SUL	

Gweithgaredd 4

Sut ydyn ni'n gwybod am y degawd rhwng 1800 ac 1810?

Mae haneswyr yn defnyddio cliwiau neu **ffynonellau** gwahanol i'w helpu i ddeall bywydau pobl yn y gorffennol.

- Bwriwch olwg dros *Ffeithiau Diddorol i'r Disgybl* a cheisiwch ddod o hyd i un enghraifft yr un o'r mathau gwahanol o ffynonellau i gwblhau'r tabl isod.

- Nodwch a ydi'r ffynhonnell yn un **wreiddiol** (yn perthyn i'r cyfnod, e.e. disgrifiadau teithwyr) neu'n un **eilaidd** (wedi'i chreu ar ôl y cyfnod, e.e. awyrlun – doedd dim awyrennau yn 1800-1810). Efallai yr hoffech drafod hyn â phartner.

Math o ffynhonnell	Enghraifft	Ffynhonnell wreiddiol neu eilaidd	Cafwyd hyd iddi ar dudalen
Darlun arlunydd			
Arteffact (gwrthrych wedi'i wneud gan rywun)			
Ffotograff			
Dogfen 1			
Dogfen 2			
Enw lle			
Map			
Pennill			
Awyrlun			
Gwefan			
Lle i ymweld ag ef			

- Dewiswch y ffynhonnell sy'n eich diddori fwyaf a dywedwch pam.

- Dewiswch un **ffynhonnell wreiddiol** ac un **ffynhonnell eilaidd** o'r rhestr uchod a thrafodwch y gwahaniaethau rhyngddyn nhw. P'run, yn eich barn chi, ydi'r ffynhonnell 'orau'? Pam?

35

> **Pa fath o gartrefi oedd gan weithwyr gwledig tua 1800-1810?**

Yng nghefn gwlad tua 1800-1810, roedd llawer o deuluoedd ffermio tlawd yn codi cartrefi ar dir comin neu ddiffaith. Bydden nhw'n adeiladu'r bythynnod bach hyn mewn un noson – rhwng machlud haul a thoriad gwawr. Roedden nhw'n credu mai y nhw oedd yn berchen ar y tir os oedd mwg yn dod allan o'r simnai cyn toriad gwawr. Tŷ unnos oedd yr enw ar fwthyn o'r fath.

- Dychmygwch nad oes gennych chi na'ch teulu tlawd unman i fyw ynddo a'ch bod am godi tŷ unnos. Yn eich grŵp, trafodwch sut y byddech yn mynd ati. Meddyliwch am y cwestiynau hyn:

Ble?	**Pryd?**	**Pwy?**	**Sut?**	**Gyda beth?**

Efallai y gall y disgrifiad hwn eich helpu:

> Yn 2006, penderfynodd Dorian Bowen o Dre-lech, Sir Gaerfyrddin y byddai'n ceisio codi ei dŷ unnos ei hun, gyda help 60 o'i deulu a'i ffrindiau. Roedd arno eisiau gwybod a oedd hyn yn bosibl ai peidio.
>
> Sylweddolodd y byddai'n rhaid iddo gynllunio popeth yn ofalus:
>
> 'Mi roedd 'na dipyn o drefn gennym ni, ac roedd y gwaith pwysig o hel deunydd – coed, brwyn, rhedyn – wedi ei wneud o flaen llaw, gyda phopeth wedi dod o'r tir o gwmpas. Ond mi roedd 'na shwt gymaint i'w wneud ar y noson.'

Roedd Mr Bowen yn dymuno ail-greu'r darlun hwn o dŷ unnos yn Castell, Pontrhydfendigaid, Ceredigion, sydd wedi diflannu erbyn heddiw:

Cymeron nhw ffotograffau o bob cam o'r gwaith. Ysgrifennwch frawddeg o dan bob llun i egluro beth sy'n digwydd ynddo.

1

_____

_____

2

_____

_____

3

_____

_____

4

_____

_____

Dyma sut oedd y bwthyn yn edrych yn y bore, pan oedd wedi'i orffen.

- Sut ydych chi'n meddwl oedd y gweithwyr yn teimlo ar ôl gorffen y dasg hon?

- Ydyn nhw wedi llwyddo i gopïo'r bwthyn yn y llun? Faint o farciau allan o ddeg fyddech chi'n eu rhoi iddyn nhw?

- Sut brofiad fyddai byw mewn bwthyn fel hwn?

- Pam, tybed, mae'r rhan fwyaf o enghreifftiau o dai unnos wedi diflannu o gefn gwlad Cymru erbyn hyn?

- Ydi hi'n syndod fod gweithwyr tlawd yn y bedwaredd ganrif ar bymtheg wedi penderfynu gadael eu cartrefi yng nghefn gwlad i chwilio am waith mewn diwydiannau fel y gweithfeydd copr a haearn?

- Cymharwch dai'r gweithwyr copr (edrychwch ar *Ffeithiau Diddorol i'r Disgybl*, t. 19) â'r bwthyn hwn. Edrychwch ar y defnyddiau a'u maint. Ym mha un fyddai'n well gennych chi fyw? Pam?

Ac, yn olaf, dyma sut mae'r tŷ unnos a adeiladwyd yn Nhre-lech yn 2006 yn edrych heddiw! Beth ydych chi'n ei feddwl ohono? Ysgrifennwch baragraff disgrifiadol byr amdano.

Gweithgaredd 6

Beth allwn ni ei ddarganfod am y gwrthrych dirgel hwn?

Mae'r cyhoedd yn aml yn rhoi arteffactau i amgueddfeydd. Cafodd y gwrthrych hwn ei roi i Amgueddfa Sir Gaerfyrddin. Roedd y swyddog a dderbyniodd y gwrthrych yn gwybod beth oedd ei ddefnydd, ond a ydych chi?

- Astudiwch yr arteffact yn ofalus. Cafodd ei ddarganfod yn Llansteffan, Sir Gaerfyrddin. Mae'r llythrennau ExR a'r dyddiad 1813 wedi'u cerfio arno.

- Trafodwch mewn parau pa gwestiynau y gallai swyddog yr amgueddfa fod wedi'u gofyn am y gwrthrych hwn i ddarganfod mwy amdano. Er enghraifft:

ei siâp | ei faint | ei oedran | o beth y cafodd ei wneud | ar gyfer beth roedd e'n cael ei ddefnyddio

- Rydyn ni'n credu bod y gwrthrych dirgel hwn yn _____ oed, a'i fod yn

cael ei ddefnyddio i _____.

- Rydyn ni'n meddwl bod addurn blodyn wedi'i gerfio arno oherwydd _____

_____.

- Efallai mai _____ gerfiodd y llythrennau a'r dyddiad

arno i'w roi i'w _____.

Rhoddodd swyddog yr amgueddfa y gwrthrych hwn gyda'r offer a'r cyfarpar gwneud menyn yn ei arddangosfa.

Gallwch ddysgu rhagor am y gwrthrych hwn trwy edrych ar <u>butter stamps</u> ar *Google Images*. Chwiliwch am enghreifftiau tebyg o Gymru a chopïwch y lluniau i'ch ffolder waith.

Roedd pob ffermwraig yn gwybod sut i wneud menyn yn 1800-1810. Bob wythnos, byddai'n mynd â'r menyn a'r caws roedd hi'n eu gwneud i'w gwerthu yn y farchnad leol. Byddai'n cadw'r arian o werthu'r rhain i brynu dillad ac angenrheidiau eraill i'w theulu a hi'i hun.

Dyma sut y gallech wneud eich menyn eich hun:

Bydd arnoch angen:

Un pot o hufen dwbl

Pot jam hollol lân

1. Gwnewch yn siŵr fod yr hufen ar dymheredd yr ystafell (peidiwch â'i ddefnyddio'n syth o'r oergell).

2. Tywalltwch yr hufen i'r pot jam nes ei fod yn chwarter llawn.

3. Caewch y clawr ac ysgydwch y pot jam i fyny ac i lawr. PEIDIWCH Â STOPIO! (Gofynnwch i'ch ffrindiau helpu!)

4. Ar ôl tua chwarter awr bydd y menyn a'r llaeth enwyn wedi gwahanu.

5. Tywalltwch y llaeth enwyn i ffwrdd ac arllwyswch ddŵr oer i'r jar i olchi'r menyn nes ei fod yn glir. Gwasgwch weddill y dŵr allan o'r menyn. Os oes gennych chi stamp menyn fel y gwrthrych dirgel, gallwch stampio'r menyn ag ef. Bydd hyn yn dangos mai eich menyn chi ydi hwn.

6. Rhowch y menyn yn yr oergell am 10 munud. Yna gwnewch frechdan ag ef a mwynhewch!

Beth allwn ni ei ddysgu am y metelau a oedd yn cael eu mwyngloddio a'u cynhyrchu yng Nghymru yn y bedwaredd ganrif ar bymtheg?

Roedd Abertawe'n ganolfan bwysig yn ystod y bedwaredd ganrif ar bymtheg, nid yn unig am gynhyrchu copr, ond hefyd am gynhyrchu nifer o fetelau eraill:

- Plwm – yng ngweithfeydd Upper Bank yn ystod ail hanner y ddeunawfed ganrif
- Arian – yng Ngweithfeydd Arian y Morfa
- Arsenig – sgil gynnyrch cynhyrchu copr o fwyn copr Dyfnaint a Chernyw
- Tunplat – o 1837 ymlaen, Abertawe a'r ardal o'i chwmpas oedd canolfan diwydiant tun y byd
- Sinc – erbyn diwedd y ganrif, Abertawe oedd prif gynhyrchydd sinc y Deyrnas Unedig.

Mae'r rhain yn cael eu galw'n **fetelau anfferrus** (dydi'r categori hwn ddim yn cynnwys haearn a dur). Ar gyfer beth oedden nhw'n cael eu defnyddio? Pam oedden nhw'n cael eu cynhyrchu?

Gyda'ch grŵp, paratowch gyflwyniad PowerPoint i'ch dosbarth er mwyn cyflwyno'r metelau hyn a metelau eraill, megis aur a phres, a oedd yn cael eu cynhyrchu yng Nghymru. Defnyddiwch dryloywlun newydd ar gyfer pob metel. Ceisiwch wneud y cyflwyniad mor ddiddorol a llawn gwybodaeth â phosibl. Bydd angen i chi ystyried:

- Pwy sy'n mynd i wneud beth?
- Ydyn ni am gynnwys lluniau, mapiau a diagramau? O ble cawn ni hyd iddyn nhw?
- Pwy sy'n mynd i ddweud beth, pryd?
- O ble cawn ni hyd i'r wybodaeth?
- Sut allwn ni gadw'r cyflwyniad i 5 munud?

Gallwch geisio ateb y cwestiynau canlynol am bob metel. Cofiwch gynnwys unrhyw esiamplau o'ch ardal leol. Efallai y gall tudalennau 28-31 yn *Ffeithiau Diddorol i'r Disgybl* eich helpu.

Pa fath o waith oedden nhw'n ei wneud rhwng 1800 ac 1810?

Yn y stori *Wythnos ym Mywyd Daniel*, a hefyd yn *Ffeithiau Diddorol i'r Disgybl*, rydyn ni'n cwrdd â phobl a oedd yn gwneud swyddi gwahanol yn 1800-1810.

- Gan ddefnyddio'r llyfrau hyn, ceisiwch baru enwau'r swyddi â'r disgrifiadau ohonyn nhw:

• Fy ngwaith i ydi gwthio mwyn copr mewn berfa i'r gwaith copr	menyw gocos
• Fy ngwaith i ydi gwahodd pobl i briodasau	cobwr/Copar Ladi
• Fy ngwaith i ydi puro copr	morwyn plant
• Fy ngwaith i ydi cario pobl mewn ysgraff ar draws yr afon	halier
• Fy ngwaith i ydi gwerthu cocos yn y farchnad	baledwr
• Fy ngwaith i ydi torri mwyn copr yn ddarnau mân	Copar Ladi
• Fy ngwaith i ydi tynnu a gwthio dramiau glo yn y pwll glo	merch/bachgen â berfa
• Fy ngwaith i ydi agor a chau drysau dan ddaear yn y pyllau glo	purwr/dyn copr
• Fy ngwaith i ydi torri slag copr yn ddarnau i'w hailgylchu	fferïwr
• Fy ngwaith i ydi dal berdys	gwahoddwr
• Fy ngwaith i ydi gofalu am blant bach	pysgotwr berdys
• Fy ngwaith i ydi ysgrifennu baledi	dryswr

Byddai rhai o'r swyddi hyn wedi cael eu gwneud yn ardal Abertawe yn unig. Byddai rhai eraill wedi cael eu gwneud mewn rhannau eraill o Gymru. Cofnodwch pwy oedd yn gweithio ble, gan ddefnyddio diagram Venn. Efallai y byddai rhai swyddi'n cael eu gwneud mewn sawl rhan o'r wlad.

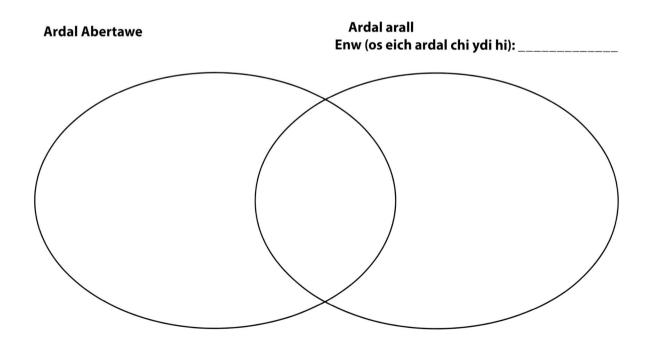

Ardal Abertawe

Ardal arall
Enw (os eich ardal chi ydi hi): _____

- Roedd papurau newydd fel y *Cambrian* yn Abertawe yn hysbysebu'n aml am weithwyr yn y cyfnod hwn. Dyma hysbyseb am forwyn i weithio yn y diwydiant bragu (gwneud) cwrw, a ymddangosodd yn y *Cambrian* ar 5 Mawrth, 1808.

WANTED a WOMAN SERVANT, capable of undertaking the Brewing department only, at a small Public Inn in the neighbourhood of Swansea : her constant attendance will be required in the house, and her duty will be to brew once a week in the winter months, and twice in the summer.

Liberal wages will be given to a person who is competent to fill the situation. Apply to the Printer of this Paper for further reference (if by letter, post-paid).

Dychmygwch eich bod yn Feistr Copr a bod arnoch eisiau penodi dyn copr medrus. Ysgrifennwch eich hysbyseb eich hun i ddenu'r gweithiwr gorau. Cofiwch nodi beth fydd rhaid iddo ei wneud a pha fanteision sydd i'r swydd.

Fe gewch chi wybodaeth ddefnyddiol yn *Ffeithiau Diddorol i'r Disgybl*, t. 16 ac yn *Wythnos ym Mywyd Daniel*.

Beth NA fyddech chi'n ei gynnwys yn yr hysbyseb? (Cliw: peryglon.)
Pam na fyddech chi'n disgwyl i fenyw ymgeisio am y swydd hon yn 1800-1810?

- Yn y stori *Wythnos ym Mywyd Daniel*, mae Daniel yn breuddwydio am fod yn ddyn copr. Dychmygwch mai chi ydi Daniel. Ysgrifennwch restr o 5 o'ch nodweddion arbennig a fyddai'n eich gwneud yn addas ar gyfer y swydd hon.

Er enghraifft:

1. Dw i'n ddibynadwy

2.

3.

4.

5.

Cymharwch eich rhestr â rhestri aelodau eraill eich grŵp. I bwy, fel grŵp, fyddech chi'n rhoi'r swydd ar sail y rhestri hyn?

Sut brofiad oedd teithio ar y môr ar ddechrau'r bedwaredd ganrif ar bymtheg?

Mae'r môr wedi bod yn bwysig yn hanes Cymru erioed gan fod gennym 750 milltir o arfordir. Yn y stori *Wythnos ym Mywyd Daniel,* mae Daniel yn gweithio ar long hwyliau sy'n cario mwyn copr o Amlwch, Sir Fôn er mwyn gallu teithio i Abertawe.

● Defnyddiwch atlas neu'r Rhyngrwyd i nodi taith Daniel ar y map isod. Ar ei siwrnai byddai wedi mynd heibio sawl porthladd lleol pwysig. Roedd nifer o enwau'r porthladdoedd hyn yn dechrau gyda'r gair 'porth', e.e. Porthmadog. Nodwch gymaint o'r porthladdoedd hyn ag y gallwch.

● Roedd Thomas Williams, 'Brenin Copr' Amlwch, yn anfon mwyn copr a nwyddau ar y môr o Amlwch i Dreffynnon hefyd. Nodwch y daith hon ar y map.

Gallai'r fordaith o gwmpas arfordir Cymru fod yn beryglus oherwydd:

- tywydd gwael a allai ddryllio'r llong
- natur y gwaith ar fwrdd llong hwyliau
- smyglwyr
- gwrecwyr

Dewiswch un o'r peryglon hyn ac, yn eich grŵp, ymchwiliwch iddo'n ofalus. Pa adnoddau allwch chi eu defnyddio?

y Rhyngrwyd ☐

llyfrau cyfeirio ☐

(Efallai y gall *Môr a Morwyr* gan Catrin Stevens (CAA 2008) fod o ddefnydd ar gyfer y gweithgaredd hwn.)

Pan fyddwch wedi cwblhau'ch ymchwil, meddyliwch sut y gallwch ei gyflwyno'n ddramatig i weddill y dosbarth trwy feim, drama fer neu gân actol.

Pwy oedd rhai o'r bobl enwog yn 1800-1810?

- Penderfynwch fel grŵp pa fath o enwogion yr hoffech chi ddysgu mwy amdanyn nhw. Ydych chi'n meddwl y byddai pobl wedi bod yn enwog am y rhesymau hyn yn 1800-1810? Eglurwch eich ateb. Pam nad oes mwy o fenywod ar y rhestr isod?

- Paratowch arddangosfa ddosbarth am enwogion yn 1800-1810. Dyma rai o'r bobl fwyaf enwog ym Mhrydain yn y cyfnod hwn. Roedd gan sawl un ohonyn nhw ryw gysylltiad â Chymru. Dylech ddewis **UN** unigolyn yr un i'w ymchwilio. Ceisiwch gael hyd i ddarlun neu bortread o'r unigolyn i ddarlunio'ch gwaith.

Entrepreneuriaid:	Richard Crawshay, Henry Vivian, Josiah John Guest, Richard Pennant, William Maddocks, John Morris
Arlunwyr:	J. M. W. Turner, Penry Williams, Julius C. Ibbetson, Moses Griffith, Thomas Hornor, John Nash (pensaer)
Gwyddonwyr:	Michael Faraday, Humphrey Davy, Robert Grove, Edward Jenner, James Watt
Peirianwyr:	Thomas Telford, Richard Trevithick, John Loudon McAdam
Awduron/Beirdd/Actorion:	Iolo Morganwg (Edward Williams), William Wordsworth, William Blake, Twm o'r Nant (Thomas Edwards), Jane Austen, Walter Scott, Ann of Swansea (Ann Julia Hatton), Sarah Siddons
Diwygwyr:	Elizabeth Fry, Robert Owen, William Wilberforce

Enw:

Dyddiad geni/marwolaeth:

Yn enwog am:

Cysylltiad â Chymru?

Un cwestiwn yr hoffwn ei ofyn iddo/iddi:

Un ffynhonnell ddefnyddiol oedd:

Ar ôl gorffen ymchwilio, beth am roi rhai o'r enwogion hyn yn y gadair goch a chael gweddill y dosbarth i'w holi am eu bywydau a'u gwaith?

Ai ffaith neu farn ydi hon?

Pan fyddwn ni'n darllen neu'n ymchwilio i ffynhonnell hanesyddol, mae'n bwysig ein bod yn penderfynu a ydi gosodiad yn ffaith neu'n farn bersonol.

> **FFAITH:** ydi rhywbeth y gallwch ei brofi (fel dyddiad, enw)
>
> **BARN:** ydi beth mae rhywun yn ei feddwl ond nad oes modd ei brofi

Dyma rai brawddegau am y cyfnod. Penderfynwch pa rai sy'n **ffeithiau** a pha rai sy'n **farnau**. Ar y cyfrifiadur, paratowch dabl o'ch atebion mewn dwy golofn. Yna trafodwch eich penderfyniadau ag aelodau'ch grŵp.

(1) 'Mae'n bosibl ystyried Abertawe fel prif dref de Cymru.'
(Y Parchedig John Evans ar ymweliad ag Abertawe yn 1803)

(2) 'Prif ddeiet y gweithwyr yw bara ceirch, tatws, llaeth, caws a math gwael o gwrw.'
(William Coxe ar ymweliad â Sir Fynwy yn 1801)

(3) 'Cafodd pont ddŵr Pontcysyllte ei hadeiladu gan Thomas Telford a William Jessop a'i chwblhau yn 1805. Mae'n 307 m o hyd, 3.4 m o led a 1.60 m o ddyfnder.'
(Gwefan)

(4) 'Mae'r plant yn hardd ryfeddol … ond … o ddeng mlwydd oed ymlaen, maen nhw'n dechrau edrych fel petaen nhw'n llafurio'n galed'
(Joseph Hucks ar ei ymweliad â Chymru yn 1795)

(5) 'Ar ddechrau'r bedwaredd ganrif ar bymtheg yr oedd trwch poblogaeth Cymru yn siarad Cymraeg yn gyson a mwy na hanner miliwn ohonynt, yn ôl pob tebyg, yn Gymry uniaith [dim ond yn siarad Cymraeg].'
(Yr hanesydd Geraint H. Jenkins mewn llyfr am yr iaith Gymraeg, 1999)

(6) 'yn ôl cyfrifiad 1801, dim ond 1,870 oedd poblogaeth Caerdydd, ac felly hi oedd 25ain tref fwyaf Cymru, ymhell y tu ôl i Ferthyr ac Abertawe.'
(Gwefan am Gaerdydd)

(7) 'Nid yw gwisg Sir Forgannwg mor amlwg ag un y siroedd eraill, heblaw bod y menywod wedi cymryd at het y dynion: ond maen nhw'n ei gwisgo yn osgeiddig iawn, ac mae eu gwisg yn hynod o ddestlus.'
(Benjamin H. Malkin ar ymweliad â de Cymru yn 1803)

(8) 'Mae Merthyr Tudful yn lle brwnt, diflas iawn; mae'r pridd a'r bobl yn edrych yn lliw tlawd a thywyll'
(Sylw Sais am Ferthyr yn y cyfnod hwn)

- Weithiau mae'n anodd penderfynu a ydi gosodiad yn **ffaith** neu'n **farn**.

  Dydw i ddim yn siŵr a ydi dyfyniad rhif _____ yn **ffaith** neu'n **farn**.

  Gallaf ddysgu mwy amdano trwy edrych ar: _____

  _____

Sut allwn ni ddefnyddio cyfrifiad 1801?

Dyma rannau o gyfrifiad Amlwch/Llannerch-y-medd, Sir Fôn yn 1801.

- Beth allwn ni ei ddysgu am yr ardal hon trwy edrych yn ofalus ar ffurflenni'r cyfrifiad?

  1. Sawl swydd wahanol allwch chi eu gweld? Ceisiwch ddarganfod beth oedd pob un yn ei wneud. Bydd angen i chi ddefnyddio geiriadur. Er enghraifft:

     Crwynwr oedd rhywun a oedd yn trin crwyn anifeiliaid i wneud lledr.

  2. Ydych chi'n meddwl bod Llannerch-y-medd yn bentref prysur yn y cyfnod hwn? Pam?

  3. Pwy oedd yn cadw gweision/morynion? Cyfrifwch ganran y cartrefi a oedd yn cadw gweision/morynion. Faint o weision a faint o forynion oedd yna? Pam oedden nhw'n byw ar y fferm?

  4. Pam nad ydi gwaith Mrs Price yn cael ei gofnodi tybed?

  5. Rydyn ni'n tueddu i feddwl bod gan deuluoedd yn 1800-1810 lawer o blant. Beth ydi cyfradd maint y teuluoedd yn y darn hwn?

  6. Nodwch y cyfenw a'r enw cyntaf mwyaf cyffredin. Ydych chi'n synnu?

Cyfeiriad	Enw	Gwybodaeth arall	Oedolyn		Plentyn		Gwas / Morwyn	
			G	**M**	**G**	**M**	**G**	**M**
Llanerchymedd	GRIFFITH Robt	Crydd	1	1	3	1	-	-
Llanerchymedd	JONES Hugh	Crydd	1	1	-	1	-	-
Llanerchymedd	WILLIAM Evan	Crydd	1	1	2	2	2	-
Llanerchymedd	WILLIAM Richd	Crydd	1	1	-	I	-	-
Llanerchymedd	HANSTONE Thos	Crydd	1	1	-	3	-	-
Llanerchymedd	JONES Richd	Cyfrwywr	1	1	2	-	1	-
Llanerchymedd	OWEN Robet	Tafarnwr	1	1	-	4	-	1
Llanerchymedd	FISHER Mr	Tafarnwr	1	1	-	1	3	2
Llanerchymedd	DEW John	Cwrier	1	1	2	3	-	-
Llanerchymedd	JONES John	Crydd	1	1	2	2	1	-
Llanerchymedd	PRICE Mrs		-	1	-	-	-	-
Llanerchymedd	PRICHARD Will	Saer	1	1	2	2	-	-
Llanerchymedd	FORSYTH John	Groser	1	1	2	4	2	1
Llanerchymedd	OWEN John	Tafarnwr	1	1	3	1	-	-
Llanerchymedd	ROBERTS Mr	Crwynwr	1	-	-	-	2	1
Llanerchymedd	JONES Robt	Crydd	1	1	3	-	-	-
Llanerchymedd	EVANS Michael	Gwydrwr	1	1	1	5	-	-

Cyfeiriad	Enw	Gwybodaeth arall	Oedolyn		Plentyn		Gwas / Morwyn	
			G	M	G	M	G	M
Mountain	EDWARD Thos	Gof	1	1	-	1	-	-
Mountain	JONES Meredith	Mwynwr	1	1	-	-	-	-
Mountain	DAVID Henry	Mwynwr	1	1	-	1	-	-

Cyfeiriad	Enw	Gwybodaeth arall	Oedolyn		Plentyn		Gwas / Morwyn	
Rhosmanarch	HUGHES Hugh	Ffermwr	1	1	5	3	2	2
Tyddyn Mawr	EDWARD Rowland	Ffermwr	1	1	1	1	2	1

- Yn eich grŵp, dychmygwch eich bod yn trefnu'r cyfrifiad nesaf ar gyfer 1811. Gwnewch restr o'r cwestiynau ychwanegol yr hoffech eu gofyn i ddarganfod mwy am bob cartref.
  Defnyddiwch gyfrifiadur i'w trefnu'n holiadur.

- Cymharwch eich dewis o gwestiynau â'r rhai a gafodd eu gofyn yn y cyfrifiadau ar ddiwedd y bedwaredd ganrif ar bymtheg, e.e. yn yr 1890au (edrychwch ar y pecyn *Bywyd Bob Dydd yng Nghymru yn yr 1890au*).

Beth ddigwyddodd i boblogaeth y Deyrnas Unedig yn y bedwaredd ganrif ar bymtheg?

Dyma dabl sy'n dangos faint o bobl (mewn miliynau) oedd yn byw ym mhob gwlad yn y Deyrnas Unedig rhwng 1780 ac 1891. Maen nhw'n dangos bod y boblogaeth wedi tyfu'n gyflym iawn yn ystod y bedwaredd ganrif ar bymtheg.

Gwlad / Poblogaeth (mewn miliynau)	1780 (amcangyfrifon)	1801	1851	1891
Lloegr	7.1	8.30	16.92	27.23
Cymru	0.43	0.59	1.06	1.77
Yr Alban	1.4	1.63	2.90	4.0
Iwerddon	4.05	5.22	6.51	4.7
Cyfanswm y DU	**12.98**			

- Cwblhewch y tabl trwy gyfrif cyfanswm ffigurau'r boblogaeth ar gyfer pob blwyddyn yn y rhes olaf. Mae'r cyfanswm am y flwyddyn 1780 wedi'i gwblhau'n barod.
- Meddyliwch pam mai dim ond amcangyfrifon sydd gennym ar gyfer ffigurau 1780. (Cliw: y cyfrifiad; edrychwch ar *Ffeithiau Diddorol i'r Disgybl*, t. 6.)
- Ym mha wlad yn y DU oedd y boblogaeth fwyaf yn 1801? Rhowch y gwledydd yn eu trefn, o'r ffigurau poblogaeth uchaf i'r isaf.
- Cyfrifwch pa ganran o boblogaeth y Deyrnas Unedig oedd yn byw yng Nghymru (a) yn 1801 (b) yn 1891.
- Dim ond un wlad gollodd ran o'i phoblogaeth yn ystod y bedwaredd ganrif ar bymtheg. Ceisiwch ddarganfod pam. (Cliw: newyn tatws enfawr 1845.)

Mae haneswyr wedi ceisio egluro pam yr oedd y boblogaeth wedi tyfu mor gyflym yn ystod y bedwaredd ganrif ar bymtheg, ond dydyn nhw ddim yn cytuno bob amser. Allwch chi feddwl am **DRI** rheswm posibl?

Dw i'n meddwl bod poblogaeth y Deyrnas Unedig wedi tyfu yn ystod y bedwaredd ganrif ar bymtheg oherwydd:

1.

2.

3.

Trafodwch eich syniadau ag aelodau eraill eich grŵp. Ydyn nhw'n debyg? Ydyn nhw'n wahanol? Dewiswch y TRI syniad gorau i'w cyflwyno i'r dosbarth. Beth mae aelodau eraill y dosbarth yn ei feddwl o'ch syniadau?

Un dref yng Nghymru a dyfodd yn gyflym iawn rhwng 1780 ac 1851 oedd Merthyr Tudful. Allwch chi awgrymu UN rheswm pam?
(Edrychwch ar *Ffeithiau Diddorol i'r Disgybl*, tt. 30-31.)

Blwyddyn	Poblogaeth
1750	Tua 40 teulu
1801	7,705
1841	34, 977
1851	46,378
1891	58,080

- Allwch chi feddwl pa broblemau fyddai'n gallu codi wrth i'r boblogaeth dyfu mor gyflym â hyn?

> **Pam yr oedd rhai difyrion amser hamdden dan fygythiad yn hanner cyntaf y bedwaredd ganrif ar bymtheg?**

Ydych chi'n hoffi dawnsio? Pa fath o ddawnsio sy'n boblogaidd nawr? Yn eich grŵp, ceisiwch enwi cymaint o ddawnsfeydd gwahanol ag y gallwch.

Yn 1800-1810, roedd llawer o ddynion, menywod a phlant yng Nghymru yn hoffi dawnsio. Tra oedd y dosbarth uwch yn dawnsio mewn partïon a dawnsfeydd crand, roedd y werin yn mwynhau dawnsio gwerin a dawnsio'r glocsen. Byddai telynorion a ffidlwyr yn cyfeilio i'r dawnsfeydd hyn. Edrychwch ar y ffynonellau hyn yn ofalus yn eich grwpiau ac ystyriwch y dystiolaeth.

Ffynhonnell A

> ... mae dawnsio'n ffefryn ganddyn nhw; ac maen nhw'n ymarfer y grefft â sgìl sydd bron yn unigryw iddyn nhw.
>
> *Y teithiwr, Benjamin H. Malkin, ar ymweliad â Chymru yn 1804*

Ffynhonnell B

Ffynhonnell C

> Mae'r miwsig yn gyflym ac yn wyllt, ac yn mynd yn fwy felly wrth i'r ddawns fynd yn ei blaen ... roedd yr olygfa ... yn llawen a bywiog iawn.
>
> *John Howells yn ysgrifennu am Sir Forgannwg ar ddechrau'r bedwaredd ganrif ar bymtheg*

Yn ôl y ffynonellau hyn, roedd y Cymry'n hoffi dawnsio gwerin yn y cyfnod hwn. Pam tybed? (Cliw: gwaith caled.)

Rydyn ni'n credu bod y Cymry'n mwynhau dawnsio gwerin yn 1800-1810 oherwydd _____

_____

FODD BYNNAG, erbyn diwedd y bedwaredd ganrif ar bymtheg doedd y capelwyr cyffredin, mwyaf parchus ddim yn fodlon dawnsio o gwbl. Pwy mae'r awduron canlynol yn ei feio am hynny? Allwch chi ddarganfod hyn o'r ffynonellau?

Ffynhonnell Ch

> Y pregethwyr … i raddau helaeth sy'n gyfrifol am y dirywiad sydyn yng ngherddoriaeth, barddoniaeth ac Arferion Cenedlaethol Cymru. Maen nhw … wedi camarwain … y werin … a'u perswadio i roi heibio'u difyrion diniwed, fel Canu, Dawnsio … Roedd Cymru'n arfer bod yn un o wledydd mwyaf llawen y byd, ond o ganlyniad hi yn awr ydi un o'r rhai mwyaf diflas.
>
> *Edward Jones (Bardd y Brenin) yn ysgrifennu yn 1802*

Ffynhonnell D

> Dywedodd fy nhad wrthyf ei fod yn cofio hen ddyn … a oedd yn canu'r delyn, ond a ymunodd â'r Methodistiaid … ac yna rhoddodd y gorau i'r delyn a'i thaflu dan y gwely, lle bu'n gorwedd nes iddi ymddatod, cael ei bwyta gan bryfed a thorri'n deilchion.
>
> *Y Parchedig Thomas Price yn ysgrifennu tua chanol y bedwaredd ganrif ar bymtheg.*

Rydyn ni'n meddwl mai'r _____ a berswadiodd y werin i roi'r gorau i ddawnsio gwerin oherwydd eu bod yn meddwl bod dawnsio gwerin yn

_____.

Oherwydd hyn, roedd dawnsio gwerin bron â diflannu o Gymru erbyn diwedd y bedwaredd ganrif ar bymtheg. Roedd hen gerddoriaeth werin y delyn a'r ffidil yn diflannu hefyd.

- Ydych chi'n meddwl bod hyn yn beth da? Rhowch y mater i bleidlais yn eich dosbarth. Dangoswch y canlyniad ar ffurf graff. Sut allwch chi berswadio'r rhai nad ydyn nhw'n cytuno â chi i newid eu meddyliau? Pa ddadleuon allwch chi'u defnyddio? Efallai y gall gwefan Cymdeithas Genedlaethol Dawns Werin Cymru www.dawnsio.com/hanesdawnsiaucymreig eich helpu. Ydi hi'n rhoi dwy ochr y ddadl? Pam tybed?

Pa fath o gludiant oedd ganddyn nhw tua 1800-1810?

Mae dechrau'r bedwaredd ganrif ar bymtheg wedi cael ei alw'n 'Oes y Camlesi'. Cyn hynny, doedd dim rheilffyrdd, ffyrdd da na chamlesi ar gael, a rhaid oedd cludo glo, llechi, mwyn haearn, copr a defnyddiau trwm eraill o'r pyllau a'r chwareli ar gefn ceffylau neu asynnod pwn.

Yn 1798, cafodd Camlas Abertawe ei hagor. Roedd yn rhedeg o Abertawe i fyny Cwmtawe i Aber-craf. Cafodd ei hadeiladu i gludo glo o'r pyllau glo yng Nghwmtawe Uchaf i borthladd Abertawe.

- Nodwch y prif bentrefi a threfi a ddatblygodd wrth ochr Camlas Abertawe.

- Os yw graddfa'r map hwn yn 6 centimetr y filltir, amcangyfrifwch beth oedd hyd y gamlas. (Gallwch wirio a ydi eich amcangyfrif yn o agos ati trwy ddefnyddio AA Route Planner ar beiriant chwilio'ch cyfrifiadur, a theipio Swansea SA1 ac Abercrave.)

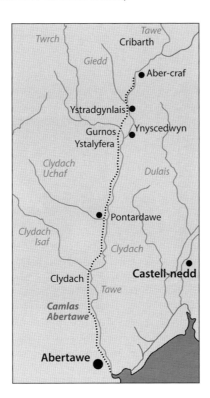

- Mae'r ffigurau hyn yn dangos sawl tunnell o lo oedd yn cael ei chario ar Gamlas Abertawe hyd at 1839:

Blwyddyn	Tunnell o lo
1804	54,235
1816	159,633
1825	208,433
1839	386,058

- Os oedd un ysgraff camlas yn gallu cario 22 tunnell o lo, sawl siwrnai ysgraff fyddai eu hangen i gario'r holl lo i'r porthladd yn 1804 ac yn 1839?

- Faint yn fwy o dunelli o lo a gafodd eu cario yn 1825 nag yn 1816?

- Trafodwch yn eich grwpiau beth mae hyn yn ei ddweud wrthyn ni am dwf y diwydiant glo yng Nghwmtawe yn y cyfnod hwn.

Dyma ffotograff, wedi'i dynnu yn 1931, o'r ysgraff olaf i weithio ar Gamlas Abertawe. Mae'r ceffyl a'r halier wrth fynedfa Gwaith Copr yr Hafod. Ar ôl hyn, cafodd y gamlas ei hanghofio a llanwyd llawer ohoni.

Fodd bynnag, hanner can mlynedd yn ddiweddarach, daeth grŵp o bobl leol at ei gilydd i newid hyn. Ffurfion nhw **Gymdeithas Camlas Abertawe.**

- Edrychwch ar ei gwefan, www.swanseacanalsociety.com. Trwy waith y gymdeithas, mae'r gamlas yn awr yn denu twristiaid yn hytrach na bod yn gamlas ddiwydiannol. Argraffwch y daflen *Llwybr Camlas Abertawe* oddi ar y wefan i ddarganfod beth maen nhw wedi'i wneud i achub rhai rhannau o'r gamlas.

- Un darganfyddiad diddorol iawn oedd y sgerbwd hwn o ysgraff camlas. Mae'n 20 metr o hyd, 2.3 metr o led a 2.3 metr o ddyfnder. Mesurwch yr ysgraff ar iard yr ysgol i ddarganfod pa mor fawr oedd ysgraff camlas bryd hynny. Gwnewch fodel wrth raddfa o ysgraff camlas.

> **Beth oedd y gwahaniaethau rhwng bywydau menywod y dosbarth canol a menywod y dosbarth gwaith yn 1800-1810?**

Ydych chi'n meddwl bod yr arteffactau hyn yn gallu'n helpu ni i ddeall y gwahaniaethau rhwng bywydau menywod y dosbarth canol a menywod y dosbarth gwaith yn 1800-1810? Sut?

Pâr o glocsiau a gafodd eu gwisgo
gan Gopar Ladi yn Amlwch

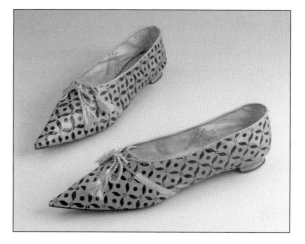

Sliperi-esgidiau a gafodd eu gwisgo gan Mrs
Thomas Phillips yn Llanymddyfri a Llundain

Astudiwch yr esgidiau'n ofalus ac yna rhestrwch y gwahaniaethau rhyngddyn nhw:

	Clocsiau	Sliperi-esgidiau
Defnyddiau:		
(i) Gwadnau		
(ii) Topiau		
Lliw		
Maint		
Ôl traul a gwisgo		
Cryfder		

Sut mae'r rhain yn cymharu â'r esgidiau mae menywod yn eu gwisgo heddiw?

Dw i'n meddwl bod menywod yn gwisgo clocsiau yn 1800-1810 oherwydd

_____

_____

Dw i'n meddwl bod y menywod a oedd yn gwisgo sliperi-esgidiau yn

_____

_____

Pa beryglon oedd yn wynebu gweithwyr diwydiannol yn eu gwaith yn 1800-1810?

Heddiw, mae gennym ni bob math o Reoliadau Iechyd a Diogelwch i wneud yn siŵr fod pawb yn ddiogel yn y gwaith.

Gofynnwch i staff cegin yr ysgol ddweud wrthych am **dair** o'r rheolau mae'n rhaid iddyn nhw eu cadw i wneud yn siŵr fod pawb yn ddiogel yn y gegin.

Rheol 1 _____

Rheol 2 _____

Rheol 3 _____

Yn 1800-1810, doedd gweithwyr ddim yn cael eu gwarchod fel hyn o gwbl. Er na chafwyd trychinebau enfawr fel y cafwyd yn ddiweddarach yn y bedwaredd ganrif ar bymtheg mewn pyllau glo a chwareli (edrychwch ar *Bywyd Bob Dydd yng Nghymru yn yr 1890au*), roedd y safleoedd gwaith hyn yn dal yn llawn o bob math o beryglon.

- Ceisiwch ddarganfod tystiolaeth o'r peryglon hyn o'r adnoddau eraill yn y pecyn hwn. Nodwch ble cawsoch chi'r dystiolaeth. Allwch chi awgrymu ffordd o wella'r sefyllfa? Mae un rhes yn y tabl isod wedi'i chwblhau i chi:

	Perygl	I bwy?	Ble cawsoch chi hyd i'r dystiolaeth?	Beth allai gael ei wneud yn ei gylch?
1	gwenwyn			
2	llosg			
3	toriadau a chleisiau			
4	anaf gan dram lo	dryswyr a halwyr dan ddaear mewn pwll glo	Cerdyn Lluniau: GWAITH	Stopio plant rhag gweithio dan ddaear mewn pyllau glo
5	colli llais			

- Allwch chi ychwanegu enghraifft arall i'r rhestr hon?

- Ysgrifennwch lythyr at berchennog y gwaith i ddweud wrtho am y broblem. Gallwch gyfeirio ato fel 'Annwyl Syr' os nad ydych yn gwybod ei enw. Beth fyddwch chi'n gofyn iddo'i wneud i newid pethau?

Sut oedd gweithwyr yn cael eu talu yn 1800-1810?

Er bod pobl yn defnyddio arian go iawn – punnoedd, sylltau a cheiniogau – yn 1800-1810, byddai Meistri Copr a Haearn yn aml yn talu i'w gweithwyr mewn tocynnau lleol a oedd yn cael eu gwneud yn eu gweithfeydd. Dim ond yn siopau'r Meistri Copr a Haearn yr oedd hi'n bosibl gwario'r rhain. Roedd y tocynnau'n cael eu galw'n 'docynnau tryc' a'r siopau yn 'siopau tryc'.

Ffynhonnell A

Yn y stori *Wythnos ym Mywyd Daniel*, mae mam Daniel wedi rhoi tocyn copr o byllau mwyn Amlwch iddo fel arwydd o lwc dda. Yn y llun uchod fe welwch chi docyn copr (pen a chynffon) a gâi ei alw'n geiniog Môn. Cafodd ei gynhyrchu gan Gwmni Mwynglawdd Parys (Parys Mine Company) ar gyfer y Brenin Copr, Thomas Williams, ar ddiwedd y ddeunawfed ganrif. Roedd tocynnau o'r fath yn dal i gael eu defnyddio tan 1817. Roedd mwynwyr yn Amlwch yn cael eu talu â thocynnau fel hyn yn lle arian go iawn. Roedd yn rhaid iddyn nhw eu gwario yn siopau Cwmni Mwynglawdd Parys yn Sir Fôn, Lerpwl a Llundain (ond nid yn Abertawe). Nid oedd tocynnau'n cael eu defnyddio i dalu i'r gweithwyr yng ngweithfeydd copr Abertawe.

1. Ydych chi'n gallu gweld beth sydd wedi'i ysgrifennu o gwmpas y tocyn copr?

    _____

2. Beth ydi'r dyddiad ar y tocyn? _____

3. Beth ydi ystyr y llythrennau PMC yn y canol? _____

4. Ar ochr y gynffon mae llun pen derwydd wedi'i gerfio. Ceisiwch ddarganfod pam yr oedd derwyddon yn cael eu cysylltu â Sir Fôn a pham y mae dail derw o gwmpas pen y derwydd.

Dw i'n meddwl _____

_____

Ffynhonnell B

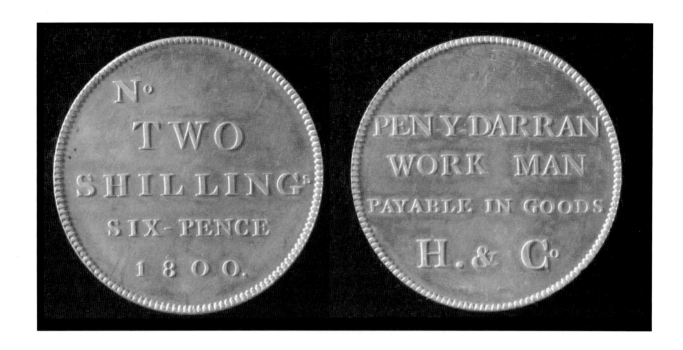

Ydych chi'n gallu gweld:

    (a)   Pa waith haearn gynhyrchodd y tocyn hwn? _____

    (b)   Beth ydi'r dyddiad arno?

    (c)   Beth ydi ystyr y llythrennau H. & Co. tybed? (Edrychwch ar y Cerdyn Lluniau: CARTREFI.)

    (ch)   Faint oedd ei werth yn y siop dryc? _____

    (d)   Beth allai rhywun ei brynu am y pris hwn yn 1800-1810?

Yn 1800, ymosododd gweithwyr Gweithfeydd Penydarren ar y siop dryc a'i hysbeilio.

Yn eich grwpiau, trafodwch pam yr oedd y gweithwyr yn casáu'r system dryc hon.

Rydyn ni'n meddwl _____

_____

Cymharwch ateb eich grŵp chi ag atebion grwpiau eraill yn eich dosbarth. Ydych chi'n cytuno?
Defnyddiwch ddiagram Diemwnt 6 Grid i flaenoriaethu'r dadleuon gwahanol a'r rhesymau pwysicaf.

Gweithgaredd 19

> **Beth sydd mewn enw?**

Mae gan sawl un o'r bobl yn y stori *Wythnos ym Mywyd Daniel* enwau sy'n dod o'r Beibl.

- Mae ystyr i lawer o'r enwau hyn. Ceisiwch ddarganfod eu hystyr (efallai y gall y wefan www.biblical-baby-names.com eich helpu). Mae'r cyntaf wedi'i wneud i chi.

Enw	Ystyr
Ben	mab
Daniel	
Mari (Mary yn Saesneg)	
Sara	
Hanna	
Jo	
Tom	

- Darganfyddwch faint o'r plant yn eich dosbarth chi sydd ag enwau o'r Beibl. Beth ydi eu hystyr? Pa ganran ydi'r enwau hyn o enwau'r dosbarth?

- Allwch chi awgrymu sut oedd y Cymry yn gwybod yr enwau hyn o'r Beibl yn yr 1800au? Gall tudalen 28 yn *Ffeithiau Diddorol i'r Disgybl* a hanes yr ysgol yn y stori *Wythnos ym Mywyd Daniel* eich helpu i ddeall hyn.

Yn y bedwaredd ganrif ar bymtheg, cafodd trefi, pentrefi, strydoedd ac adeiladau newydd eu henwi ar ôl y bobl bwysig a oedd wedi dod â diwydiant i'r ardal.

Yn y stori *Wythnos ym Mywyd Daniel*, caiff yr enwau Grenfelltown a Chastell Morris eu nodi. Cafodd Grenfelltown ei enwi ar ôl y Meistr Copr, Pascoe Grenfell, a oedd yn berchen ar Weithfeydd Copr Middle Bank ac Upper Bank yn nwyrain Abertawe. Cafodd Castell Morris ei enwi ar ôl y diwydiannwr glo a chopr, John Morris. Sefydlodd John Morris bentref Treforys i'r gogledd o Abertawe hefyd.

- Gan weithio gyda'ch grŵp, ceisiwch ddod o hyd i enwau TRI lle sydd wedi'u henwi ar ôl diwydianwyr neu bobl enwog eraill a oedd yn gysylltiedig â'r chwyldro diwydiannol yng Nghymru yn y bedwaredd ganrif ar bymtheg. Efallai y gallwch hefyd gael hyd i UN enghraifft o'ch ardal leol. Mae un enw lle wedi'i nodi yn y tabl isod.

Enw lle	Pam?
Porthmadog	Wedi'i enwi ar ôl William Madocks, a adeiladodd y Cob (mur i gadw'r môr allan) yn 1811 er mwyn adennill llawer o dir o'r môr i'w ffermio. Daeth Porthmadog yn borthladd pwysig ar gyfer allforio llechi.

Sut oedd pobl yn teimlo am y llygredd o'r gweithfeydd copr?

Ceir anghydfod yn aml rhwng y rhai sy'n dymuno datblygu diwydiant a'r rhai sy'n dymuno cadw cefn gwlad fel y mae er mwyn denu twristiaid a diogelu amaethyddiaeth a'r amgylchedd.

Dyma ffotograff o brotestwyr o ganolbarth Cymru yn y Senedd, Bae Caerdydd yn 2011. Does arnyn nhw ddim eisiau gweld peilonau a ffermydd gwynt yn cael eu hadeiladu ar draws y canolbarth. Maen nhw'n teimlo y bydden nhw'n dinistrio tirwedd hardd a diwydiant twristiaeth Powys. Fodd bynnag, mae'r rhai sydd o blaid y peilonau a'r ffermydd gwynt yn dweud y bydden nhw'n darparu egni adnewyddadwy ac yn lleihau ein hôl troed carbon.

Mae'r rhain yn gwestiynau pwysig ac mae hon yn hen broblem. Roedd dadleuon tebyg i'w clywed yn Abertawe ar ddechrau'r bedwaredd ganrif ar bymtheg. Roedd y dref ei hun yn ceisio datblygu i fod yn ganolfan i dwristiaid ond roedd y mwg a'r gwynt drewllyd o'r gweithfeydd copr yn y dwyrain yn llygru'r ardal. Roedd perchenogion tir a ffermwyr hefyd yn erbyn y llygredd hwn gan ei fod yn lladd llystyfiant ac anifeiliaid.

Dyma ambell farn ar y problemau hyn. Darllenwch nhw'n ofalus:

Ffynhonnell A

> mae'r trigolion yn dymuno i Abertawe gael ei gweld fel canolfan wyliau ffasiynol, yn hytrach na thref fasnachol …
> Mae Bae Abertawe … wedi'i gymharu â Bae Napoli.
>
> *Y teithiwr, y Parchedig John Evans, mewn llythyr yn 1803*

Ffynhonnell B

> Os byddwch yn codi unrhyw Weithfeydd ar neu'n agos at [fy Stad], rwy'n rhoi rhybudd yn awr y byddaf yn cychwyn Achos yn eich erbyn am y niwed a all ddigwydd i'm Stad
>
> *Llythyr oddi wrth y perchennog tir, Rowland Prichard, at John Henry Vivian yn 1809, flwyddyn cyn iddo agor gweithfeydd enfawr yr Hafod*

Ffynhonnell C

Ailadeiladodd y teulu Vivian Abaty Singleton yng ngorllewin Abertawe yn gartref iddyn nhw'u hunain, ymhell o fwg a budreddi'r gweithfeydd copr i'r dwyrain

Ffynhonnell Ch

mae'n bosibl dod o hyd i holl adnoddau cymdeithas soffistigedig yma ar brydiau, ymysg sŵn y gweithfeydd, a bwrlwm di-baid masnach.

Barn y teithiwr, Henry Skrine, am Abertawe yn 1798

Ffynhonnell D

Gweithfeydd copr yn Abertawe gan Henri Gastineau, 1830

Ffynhonnell Dd

Mae Abertawe wedi cael ei disgrifio gan dwristiaid yn gyffredinol fel lle brwnt, myglyd ac annymunol … Mae union leoliad y dref yn hardd … does dim sylfaen … i'r syniad ei bod yn llawn mwg o'r gweithfeydd copr: maen nhw filltir a hanner o'r dref

Y twrist, Elizabeth Isabella Spence, yn ysgrifennu yn 1809

- Pan fyddwch wedi astudio'r ffynonellau hyn yn ofalus, penderfynwch a ydyn nhw'n awgrymu bod llygredd yn ddrwg i dwristiaeth ac amaethyddiaeth neu beidio. Oes peth o'r dystiolaeth yn ansicr? Eglurwch eich ateb. Gallwch gofnodi dwy ochr y ddadl ar bapurau *Post-it* ar ddau bapur A4. Wrth i chi drafod, bydd yn bosibl symud y rhain i fod dros neu yn erbyn y diwydiant. Fel dewis arall, gallech ddefnyddio'r tabl isod i gofnodi.

Ffynhonnell	Niweidiol/Ddim yn niweidiol	Pam rydyn ni'n meddwl hynny
A		
B		
C		
Ch		
D		
Dd		
E		
F		

- Yn olaf, ychwanegwch ddwy ffynhonnell arall (E ac F) o *Ffeithiau Diddorol i'r Disgybl* a chwblhewch y tabl.

- Edrychwch ar ddiwydiant tebyg yn eich ardal eich hun a all fod wedi achosi niwed i amaethyddiaeth, twristiaeth neu'r amgylchedd. Mewn grwpiau, trafodwch y dadleuon dros ac yn erbyn y diwydiant.

Rydyn ni wedi dewis edrych ar y diwydiant _____ yn _____.

Pwyntiau o blaid y diwydiant	Pwyntiau yn erbyn y diwydiant

A ddylai hen adeiladau gael eu cadw ar gyfer y dyfodol?

Mae cannoedd o dai wedi diflannu am byth dros y canrifoedd. Roedd pobl yn byw yn y ddau dŷ yma yn 1800-1810. Mae'r ddau'n adfeilion erbyn hyn.

1. **Plas Cwrt, Llanychâr, Sir Benfro**

2. **Fferm Glasdir-mawr, Arthog, Sir Feirionnydd**

Ydych chi'n meddwl bod y tai yma yn werth eu diogelu a'u cadw at y dyfodol? Petaech chi'n gorfod dewis rhyngddyn nhw, p'run fyddech chi'n ei gadw? Pam?

Dyma rai pwyntiau i'ch helpu i benderfynu:

Plas Cwrt

- Roedd yn gartref i deulu cyfoethog.

- Mae'n enghraifft o bensaernïaeth Sioraidd (edrychwch ar y Cerdyn Lluniau: CARTREFI).

- Mae'r plas wedi cael ei ddynodi fel adeilad Gradd 2* gan Cadw, y gwasanaeth sy'n cadw a gwarchod adeiladau hanesyddol yng Nghymru.

- Mae'r teithiwr Richard Fenton yn sôn amdano ar ei daith o gwmpas Sir Benfro yn 1811. Mae'n ei ddisgrifio fel 'plas modern hardd'.

- Mae wedi'i leoli mewn man anghysbell yng ngogledd Sir Benfro.

- Yn un o'r tai allan mae yna doiled gyda thair sedd a thri chaead!

Ffermdy Glasdir-mawr

- Mae'n enghraifft nodweddiadol o ffermdy yng ngogledd Cymru yn y bedwaredd ganrif ar bymtheg. Cafodd ei godi o garreg, gyda tho o lechi lleol.

- Cartref ffermwr bach neu weithiwr fferm oedd Glasdir-mawr.

- Mae mewn man anghysbell yn ne Sir Feirionnydd.

- Mae Glasdir-mawr mewn cyflwr gwael iawn heddiw.

- Mae Amgueddfa Werin Cymru, Sain Ffagan wedi achub sawl adeilad tebyg.

Trafodwch y pwyntiau hyn fel dosbarth a chyflwynwch ddadleuon eraill ar gyfer eich dewis. Pan fyddwch wedi trafod y mater yn drylwyr, trefnwch bleidlais yn y dosbarth i weld pa dŷ y byddai'r mwyafrif yn ei achub. Cyflwynwch eich casgliad ar ffurf siart cylch neu graff bar. Pa ganran bleidleisiodd dros Cwrt?

Pan fyddwch wedi penderfynu fel dosbarth, meddyliwch beth allech chi ei wneud nesaf. Efallai y gallech chi
- a) drefnu deiseb
- b) ysgrifennu llythyr neu e-bost at Cadw neu'r Amgueddfa Werin
- c) paratoi erthygl bapur newydd neu
- ch) cysylltu â'ch gorsaf radio leol.

Gallech anfon e-bost at ysgol gynradd sydd yn ymyl yr adeilad o'ch dewis a gofyn barn y disgyblion ynglŷn ag achub yr adeilad.

Beth fyddai'n ganlyniad da ar ddiwedd y gweithgaredd hwn?

Sut allwn ni ddathlu'n treftadaeth ddiwydiannol?

Yn 1988, penderfynodd Abertawe godi'r cerflun hwn yn ei Farina newydd i ddathlu llwyddiant y diwydiant copr yn hanes Abertawe. Ar dop y cerflun mae fflam gopr sy'n symud gyda'r gwynt, fel fflam go iawn. Mae hi'n dweud wrthyn ni o ba gyfeiriad mae'r gwynt yn chwythu. Tua thraean y ffordd o'r gwaelod, mae paneli crochenwaith sy'n dangos agweddau ar weithio copr. Ar y gwaelod mae seddau concrit i bobl eistedd arnyn nhw ac ymlacio.

- Eich her chi fel grŵp fydd dewis diwydiant lleol i'w ddathlu ar ffurf cerflun. Bydd angen i chi gynnal sesiwn taflu syniadau i benderfynu beth yr ydych am ei ddathlu ynglŷn â'r diwydiant a sut i fynd ati.

  Yna, dylech drefnu'r tasgau:

Pwy fydd yn ei gynllunio?

Beth ydyn ni am ei ddangos?

Pwy fydd yn ei adeiladu?

Pa ddefnyddiau allwn ni eu defnyddio?

- Dylech geisio adeiladu model wrth raddfa o'ch cerflun.
- Pan fyddwch wedi cwblhau'r dasg, trefnwch seremoni i ddadorchuddio'r cerflun i'r dosbarth a'r ysgol.

Dyma gerflun a gafodd ei adeiladu ar Gamlas Abertawe yng Nghlydach i ddathlu'r ysgraffau glo enwog a oedd yn defnyddio'r gamlas ar ddechrau'r bedwaredd ganrif ar bymtheg.

Gweithgaredd 23

Sut allwn ni wneud gêm fwrdd am 1800-1810?

- Mae rhywun wedi gofyn i'ch grŵp chi ddyfeisio gêm fwrdd a fydd yn gallu helpu gweddill y dosbarth i gofio sut oedd pobl yn byw yn 1800-1810. Bydd angen i chi wneud bwrdd mawr gyda 100 sgwâr arno, fel yr un isod. Bydd y chwaraewyr yn taflu dis i fynd o AMLWCH (cornel de gwaelod) i ABERTAWE (cornel de top).

- Bydd rhai o'r sgwariau wedi'u nodi â'r gair **TRAFFERTH!** Pan fydd chwaraewr yn glanio ar un o'r sgwariau hyn, bydd yn rhaid iddo ateb cwestiwn ar y degawd hwn yn gywir cyn symud yn ei flaen. Er enghraifft: Beth oedd enw'r gêm debyg i hoci a oedd yn cael ei chwarae ar y traethau ger Abertawe yn 1800-1810? Ateb: Bando. Bydd yn rhaid i chi fod yn siŵr o'r atebion yn ogystal â'r cwestiynau. Meddyliwch am gwestiynau hawdd a chaled. Bydd angen tua 30 o gwestiynau arnoch rhag ofn na fydd y chwaraewyr yn gallu ateb y rhai cyntaf y byddwch yn eu gofyn.

- Bydd angen i chi ddyfeisio'ch cwestiynau eich hun ond cofiwch am y categorïau hyn:
  - Cartrefi
  - Gwaith
  - Hamdden
  - Bwyd
  - Dathliadau
  - Dillad
  - Cludiant

- Paratowch set o gardiau gyda'r cwestiwn ar un ochr a'r ateb ar yr ochr arall.

- Bydd angen i chi ddyfeisio'ch cownteri eich hun hefyd. Pa siapiau fyddai'n arbennig o addas i gynrychioli bywyd yn 1800-1810?

- Efallai y gallech dynnu lluniau addas i addurno'r bwrdd.

			TRAFFERTH						Abertawe
						TRAFFERTH!			
		TRAFFERTH!			TRAFFERTH!				
								TRAFFERTH!	
TRAFFERTH!									
							TRAFFERTH!		
	TRAFFERTH!			TRAFFERTH!					
									TRAFFERTH!
						TRAFFERTH!			
		TRAFFERTH!							Amlwch

Pa newidiadau mawr ddigwyddodd yng Nghymru yn ystod y bedwaredd ganrif ar bymtheg?

I wneud y gweithgaredd hwn bydd angen i chi wybod am un cyfnod arall yn y bedwaredd ganrif ar bymtheg. Efallai y gallwch ddefnyddio'r pecyn *Bywyd Bob Dydd yng Nghymru yn yr 1890au*, neu efallai y byddwch yn astudio rhyw gyfnod arall yn eich ardal leol. Pa un bynnag y byddwch yn ei ddewis, byddwch yn sylwi bod Cymru wedi newid llawer yn y ganrif hon.

Eich her fydd nodi rhai o'r newidiadau hyn. Efallai y byddwch yn llenwi'r golofn gyntaf yn awr ac yna'n llenwi'r ail golofn pan fyddwch wedi gorffen eich ymchwil i'r bedwaredd ganrif ar bymtheg. Mae'r cyntaf wedi'i wneud i chi.

Pwnc	1800-1810	1890au
Gwaith	Yn 1800-1810, roedd llawer o ddynion yn gweithio yn y diwydiannau copr a haearn. Roedd menywod a phlant yn gweithio yn y diwydiannau hyn hefyd.	Erbyn 1890, cloddio am lo oedd y diwydiant pwysicaf yng Nghymru. Doedd menywod yn yr ardaloedd glofaol ddim yn gweithio dan ddaear, er bod rhai yn gweithio fel merched y tip ar yr wyneb. Roedd y mwyafrif o fenywod priod yn gweithio yn eu cartrefi. Doedd plant dan ddeg oed ddim yn gweithio erbyn hyn.
Cartrefi		
Gweithgareddau hamdden		
Bwyd a ffermio		
Dillad		
Dathliadau		
Cludiant		
Addysg		

Fodd bynnag, wnaeth popeth ddim newid. Allwch chi nodi dau beth a oedd yr un mor bwysig ar ddiwedd y bedwaredd ganrif ar bymtheg ag ar ddechrau'r ganrif?

1. _____

2. _____

Sut ydych chi'n dod yn eich blaen?

- Defnyddiwch y tabl isod i gofnodi sut rydych chi'n dod yn eich blaen wrth ddysgu am y degawd rhwng 1800 ac 1810.

Dw i wedi bod yn ymchwilio i …

Dyma beth oedd fwyaf diddorol …

Dyma un cwestiwn hanesyddol am 1800-1810 yr hoffwn gael ateb iddo …

Mewn hanes dw i'n dda am …

Gallwn wella fy nysgu trwy …

Y tro nesa rydyn ni'n astudio hanes gallen ni ….

- Cymharwch eich tabl chi â thablau eraill yn y dosbarth.
- Gwnewch restr o'r cwestiynau mwyaf diddorol yr oedd aelodau eraill y dosbarth wedi'u gofyn am 1800-1810.
- Sut allwch chi gael hyd i atebion i'r cwestiynau hyn?

Cysylltiadau ag adnoddau mewn bodolaeth

Cyfeirlyfrau ar gyfer Athrawon

Y Fasnach Gopr:

Boorman, David (1986) *The Brighton of Wales: Swansea as a Fashionable Seaside Resort 1780-1830*, Abertawe: Swansea Little Theatre Company Co.

Chamberlain, Muriel (1973) 'The Grenfells of Kilvey', *Glamorgan Historian*, Cyf. 9, tt. 123-42

Evans, Leslie Wynne (Haf 1959) 'Copper-works schools in the nineteenth century', *Cylchgrawn Llyfrgell Genedlaethol Cymru*, Cyf. 11, Rhif 1

Gabb, Gerald (1987) *The Life and Times of the Swansea and Mumbles Railway*, Y Bontfaen: D. Brown and Sons Ltd

Greenlaw, Joanna (1999) *The Swansea Copper Barques and Cape Horners*, Abertawe: Joanna Greenlaw

Harris, J. R. (2003) *Copper King: A Biography of Thomas Williams of Llanidan*, Ashbourne: Landmark Publishing Ltd

Hughes, Stephen (2000) *Copperopolis: Landscapes of the Early Industrial Period in Swansea*, Aberystwyth: CBHC

Miskell, Louise (2006) *Intelligent Town: An Urban History of Swansea 1780-1855*, Caerdydd: GPC

Porch, Richard (2005) *Swansea: History You Can See*, Stroud: Tempus Publishing

Rees, Ronald (2000) *King Copper: South Wales and the Copper Trade 1584-1895*, Caerdydd: GPC

Rowlands, John (1966) *Copper Mountain*, Llangefni: Cymdeithas Hynafiaethwyr Môn

Steele, Phillip a Williams, Robert (2010) *Y Deyrnas Gopr: Mynydd Parys & Porth Amlwch*, Ymddiriedolaeth Treftadaeth Ddiwydiannol Amlwch

Williams, Glanmor (gol.) (1990) *Swansea: An Illustrated History*, Abertawe: Christopher Davies

Williams, J. Richard (2011) *Mynydd Parys 'Lle bendith? – Lle melltith Môn'*, Llyfrau Llafar Gwlad 79, Llanrwst: Gwasg Carreg Gwalch

Agweddau eraill ar 1800-1810

Evans, Chris (1993) *The Labyrinth of Flames: Work and Social Conflict in Early Industrial Merthyr Tydfil*, Caerdydd: GPC

Harris, J. R. (1988) *The British Iron Industry, 1700-1850*, Llundain: Macmillan

Howell, David W. (1977) *Land and People in Nineteenth-Century Wales*, Llundain: Routledge & Kegan Paul

Ince, Laurence (1993) *The South Wales Iron Industry, 1750-1885*, Solihull: Ferric

John, A. H. (1950) *The Industrial Development of South Wales, 1750-1850*, Caerdydd: GPC

Lord, Peter (1998) *Diwylliant Gweledol Cymru: Y Gymru Ddiwydiannol*, Caerdydd: GPC (Hefyd ar CD-ROM amlgyfrwng)

Lowe, J. B. (1977) *Welsh Industrial Workers Housing, 1775-1875*, Caerdydd: Amgueddfa Genedlaethol Cymru

Rees, D. M. (1975) *The Industrial Archaeology of Wales*, Newton Abbot: David & Charles

Strange, Keith (2005) *Merthyr Tydfil, iron metropolis: life in a Welsh industrial town*, Stroud: Tempus.

Wiliam, Eurwyn (2010) *Y Bwthyn Cymreig*, Aberystwyth: CBHC

Cyfeirlyrau ar gyfer Disgyblion:

Evans, John (1996) *Susan Rees: Merch yn y Pwll Glo*, Caerdydd: Gwasg y Dref Wen

Evans, R. Meurig (1979) *Plant yn y Pyllau Glo, 1840-42*, Caerdydd: Amgueddfa Genedlaethol Cymru

Evans, R. Meurig (1973) *Plant yn y Diwydiant Haearn 1840-42*, Caerdydd: Amgueddfa Genedlaethol Cymru

Grigg, Russell a Stevens, Catrin (2000) *Golwg ar Gymru yn Oes Victoria* (pecyn), Caerdydd: Uned Iaith Genedlaethol Cymru, CBAC

Jenkins, Geraint H. (1993) *Llunio Cymru Fodern*, Darganfod Hanes Cymru, Cyfrol 3, Rhydychen: Gwasg Prifysgol Rhydychen

Stevens, Catrin (2007/2010) *Oes Ofnadwy Victoria*, Llandysul: Gomer

Y Map Mawr, Aberystwyth: CAA

Gwefannau:

www.parysmountain.co.uk

www.copperkingdom.co.uk

www.welshicons.org.uk

www.welshcopper.org.uk

www.amgueddfacymru.ac.uk

www.gtj.org.uk

www.casgliadywerincymru.co.uk

www.S4C.co.uk/tycymreig

www.rcahmw.gov.uk

www.amlwchhistory.co.uk

www.nationaltrust.org.uk/llanerchaeron

https://hwb.wales.gov.uk/home/Pages/Home.aspx

Amgueddfeydd a lleoedd diddorol

Amgueddfa Abertawe

Amgueddfa Cymru:

Amgueddfa Genedlaethol y Glannau, Abertawe

Sain Ffagan: Amgueddfa Werin Cymru

Amgueddfa Lechi Cymru, Llanberis

Amgueddfa Wlân Cymru, Dre-fach Felindre

Big Pit: Amgueddfa Lofaol Cymru, Blaenafon

Parc Treftadaeth Cwm Rhondda (Glofa Lewis Merthyr gynt), Trehafod

Canolfan Treftadaeth a Gwaith Haearn y Bers, Wrecsam

Safle Treftadaeth y Byd Blaenafon

Mwynglawdd Plwm Bryn Tail, Llanidloes (Cadw)

Oriel Gelf Glynn Vivian, Abertawe

The Silver Mountain Experience, Llywernog, Ponterwyd

Amgueddfa Ddiwydiannol Cydweli

Oriel Ynys Môn

Y Deyrnas Gopr, Amlwch